高职高专汽车专业系列教材

新能源汽车
结构原理与检修

主　编　刘福华　康　杰
副主编　侍欢迎　王　伟　陈睿炜　王明绪
参　编　邢亚林　张　晴　陈　宁　李　丽　李　军
　　　　康朝国　伍文昌　黄　勇　帅宝珍

机械工业出版社

本书共分9个项目：新能源汽车概述；新能源汽车安全操作；动力电池与管理系统；驱动电机及控制系统；整车控制系统；车联网应用技术；辅助电气系统；新能源汽车维护及PDI检验；新能源汽车常见故障案例分析。在书后附有新能源汽车技能大赛项目案例，以便学员了解新能源汽车技能大赛的比赛要点。

本书可作为高职高专新能源汽车专业及汽车维修与运用专业教材，也可供新能源汽车维修培训及相关人员自学使用。

本书配备教学课件，选用本书作为教材的教师可在机械工业出版社教育服务网（www.cmpedu.com）注册后免费下载；或添加客服人员微信获取（微信号码：13070116286）。

图书在版编目（CIP）数据

新能源汽车结构原理与检修/刘福华，康杰主编. —北京：机械工业出版社，2019.7（2025.7重印）
高职高专汽车专业系列教材
ISBN 978-7-111-62693-0

Ⅰ.①新… Ⅱ.①刘… ②康… Ⅲ.①新能源-汽车-构造-高等职业教育-教材②新能源-汽车-车辆修理-高等职业教育-教材 Ⅳ.①U469.7

中国版本图书馆CIP数据核字（2019）第086262号

机械工业出版社（北京市百万庄大街22号　邮政编码100037）
策划编辑：齐福江　责任编辑：齐福江
责任校对：郑　婕　封面设计：陈　沛
责任印制：张　博
北京建宏印刷有限公司印刷
2025年7月第1版第10次印刷
184mm×260mm·11.5印张·279千字
标准书号：ISBN 978-7-111-62693-0
定价：35.00元

电话服务　　　　　　　　　网络服务
客服电话：010-88361066　　　机　工　官　网：www.cmpbook.com
　　　　　010-88379833　　　机　工　官　博：weibo.com/cmp1952
　　　　　010-68326294　　　金　书　网：www.golden-book.com
封底无防伪标均为盗版　　　　机工教育服务网：www.cmpedu.com

FOREWORD 前言

《新能源汽车结构原理与检修》是以新能源汽车的动力电池、驱动电机、整车控制系统三大核心技术为主线，结合广大新能源汽车售后服务企业对从业人员提出的岗位技能要求，以及新能源汽车的常规作业项目等内容归纳汇总而成。

本书共有9个学习项目，层次分明，关联性强。项目一主要讲解相关概念和结构知识；项目二重点讲解高压安全防护与车辆的安全操作；项目三主要介绍动力电池结构、工作状态管理、电池充电模式以及动力电池系统常见故障维修等内容；项目四主要讲解驱动电机分类、控制器工作原理以及常见故障维修方法；项目五主要讲解整车控制策略、高压附属系统以及CAN等知识；项目六主要讲解新能源汽车远程监控系统与手机App功能操作；项目七主要讲解新能源汽车特有的电控空调、PTC加热器以及电控制动系统原理与维修等内容；项目八主要讲解新能源汽车维护等级划分、新车PDI（Pre-Delivery Inspection，售前检验）和车辆常规维护作业内容；项目九介绍新能源汽车常见故障案例分析。在书后附有新能源汽车技能大赛案例，以便学员了解新能源汽车大赛的相关知识。

本书理论结合实际，知识面广、内容丰富、图文并茂、实操练习的学习任务较多，既能满足学员对于理论知识的学习，也能锻炼动手能力。通过该课程的学习，可使学员能够了解新能源汽车的结构原理，掌握专用维修工具、设备的使用方法，能够完成新能源汽车维护、常见故障检修以及总成部件拆装更换等工作。

本书由长期在生产一线从事新能源汽车技术维修与服务的康杰，上海广硕教育科技有限公司侍欢迎，以及宜宾职业技术学院刘福华、康朝国，宜宾市职业技术学校王伟，无锡汽车工程高等职业技术学校邢亚林，徐州技师学院张晴，廊坊职业技术学院李军，浙江机电职业技术学院陈宁，河南职业技术学院李丽，玉溪技师学院帅宝珍，河南工业职业技术学院王明绪，信阳职业技术学院陈睿炜，广西工业技师学院黄勇和伍文昌等老师共同编写。

由于时间仓促，书中难免会有错误之处，望读者批评指正。

编　者

目录

前言

项目一　新能源汽车简介 … 1
　　任务一　认识新能源汽车 … 1
　　任务二　新能源汽车结构认知 … 8

项目二　新能源汽车安全操作 … 15
　　任务一　高压安全防护 … 15
　　任务二　车辆安全操作 … 23
　　任务三　仪表信息识读 … 27
　　任务四　车辆充电操作 … 32

项目三　动力电池与管理系统 … 40
　　任务一　蓄电池基础知识 … 40
　　任务二　动力电池与管理系统认知 … 51
　　任务三　车辆充电系统 … 60
　　任务四　动力电池系统故障维修 … 67

项目四　驱动电机及控制系统 … 77
　　任务一　驱动电机基础知识 … 77
　　任务二　驱动电机及控制系统结构原理 … 85
　　任务三　驱动电机及控制系统故障维修 … 93

项目五　整车控制系统 … 102
　　任务一　整车控制系统认知 … 102
　　任务二　高压附属系统 … 110
　　任务三　CAN 总线系统 … 116

项目六　车联网应用技术 … 123
　　任务一　车辆远程监控系统 … 123
　　任务二　手机 App 功能操作 … 128

项目七　辅助电气系统 …………………………………………………………………… 134

任务一　空调制冷系统 ………………………………………………………………… 134
任务二　PTC 加热器 …………………………………………………………………… 138
任务三　电控制动系统 ………………………………………………………………… 142

项目八　新能源汽车维护及 PDI 检验 …………………………………………………… 146

任务一　新能源汽车维护作业 ………………………………………………………… 146
任务二　新能源汽车 PDI 检验与环车检查 …………………………………………… 151

项目九　新能源汽车常见故障案例分析 ………………………………………………… 158

案例一　车辆不能行驶 ………………………………………………………………… 159
案例二　慢充无法充电 ………………………………………………………………… 162
案例三　整车动力系统无法上电 ……………………………………………………… 165

附录　新能源汽车技能大赛项目案例 …………………………………………………… 167

实操项目一　动力电池拆装与检测 …………………………………………………… 167
实操项目二　高压系统绝缘检测 ……………………………………………………… 169
实操项目三　电动汽车车辆技术状况基本检查 ……………………………………… 171
实操项目四　电动汽车高压互锁故障分析 …………………………………………… 174

项目一 新能源汽车简介

任务一 认识新能源汽车

情境导入

张先生想换辆车，来到4S店进行选购。

张先生：我打算换一辆新车，请问是传统的燃油车好还是新能源车好呢？

技师王：传统的燃油车会排放有害气体、污染环境、运转噪声大，并且用车和养护成本也很高。新能源汽车采用动力电池，在运行过程中可以做到零污染。与传统的燃油车相比，新能源汽车还具有结构简单、噪声小、操控性好、使用成本低等优点。

学习目标

1. 掌握新能源汽车的定义和类别。
2. 了解新能源汽车的特点及典型车型。

一、相关知识

1. 新能源汽车定义

2017年1月6日工信部公布《新能源汽车生产企业及产品准入管理规定》第39号令，在规定中指出：新能源汽车是指采用新型动力系统，完全或者主要依靠新型能源驱动的汽车，包括插电式混合动力（含增程式）汽车、纯电动和燃料电池汽车等。

2. 新能源汽车分类

按照动力源的不同，新能源汽车可分为纯电动汽车（BEV）、增程式电动车（REEV）、混合动力汽车（HEV）和燃料电池电动汽车（FCEV）四种。

（1）纯电动汽车（BEV）

纯电动汽车（Battery Electric Vehicle，BEV）是一种采用蓄电池作为储能动力源的汽车，它通过蓄电池向电动机提供电能，驱动电动机运转，从而推动汽车行驶。

代表车型：特斯拉（图1-1）、蔚来ES8、日产聆风、宝马i3、吉利EV450（图1-2）、比亚迪e6（图1-3）、北汽EV、江淮iEV、上汽荣威e50及各大城市的纯电动公交车。

优点：可以实现行驶过程完全零排放，技术相对简单成熟，只要是有电力供应的地方就能够充电。如果续驶里程和充电速度能达到汽油车的水平，新能源汽车的普及率会更高。

缺点：蓄电池单位重量储存的能量太少，因电动车的蓄电池较贵，又没形成经济规模，故购买价格较贵。至于使用成本，有的使用价格比汽车贵，有的价格仅为汽车的1/3，这主要取决于蓄电池的寿命及当地的油、电价格。

图 1-1　特斯拉

图 1-2　吉利 EV450

（2）增程式电动车（REEV）

增程式电动车 REEV（Extended Range Electric Vehicle）是指整车在纯电动模式下可以达到其所有的动力性能，而当车载蓄电池无法满足续驶里程要求时，打开车载辅助发电装置为动力系统提供电能，以延长续驶里程的车型。

代表车型：宝马 i3 增程版（图 1-4）、比亚迪秦增程式电动车（图 1-5）、广汽传祺 GA5 增程版、雪佛兰沃蓝达等。

图 1-3　比亚迪 e6

优点：具有较长的续驶里程，仅凭纯电动模式也能行驶数百公里路程。由于动力源为电动机，所以起步时加速动力很足，电动机低速转矩大因而加速快。在蓄电池电量消耗殆尽后，还可以依靠自带的内燃机发电，给蓄电池充电；依靠内燃机发电，增程式电动车完全可以行驶和传统汽车一样的续驶里程。

缺点：由于发动机和电机并不直接驱动车轮，造成了这部分功率的浪费，并且发动机和电机的质量并未减轻，由于只有一台电机驱动，所以只能发挥出"1+1=1"的效果。如一辆增程式电动车携带了总功率 200kW 发动机和电机，但是能驱动车轮的电机功率只有 100kW。

图 1-4　宝马 i3 增程版

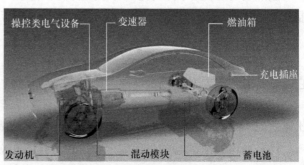

图 1-5　比亚迪秦增程式电动车

（3）混合动力汽车（HEV）

HEV 是 Hybrid Electric Vehicle 的简称，HEV 是指采用传统燃料，同时配有发动机和电动机的车型。HEV 中配有的电池数量一般较少，电池的充电是通过电机带动的，通过回收制动能量，帮助汽车起停，能改善车辆的低速动力输出和降低油耗。

代表车型：丰田普锐斯（图 1-6）、雷凌（图 1-7）、卡罗拉。

图 1-6　丰田普锐斯

图 1-7　丰田雷凌

优点：

1）可按平均需用的功率来确定内燃机的最大功率，在油耗低、污染少的最优工况下工作。需要大功率而内燃机功率不足时，由蓄电池来补充；负荷小时，富余的功率可通过发电机给蓄电池充电，由于内燃机可持续工作，蓄电池又可以不断得到充电，故其续驶里程和普通汽车一样。

2）可以通过蓄电池回收制动、下坡和怠速时的能量。

3）低速行驶可关停内燃机，由蓄电池单独驱动，实现零排放。

4）有了内燃机就可以十分方便地解决耗能大的空调、取暖、除霜等纯电动汽车遇到的难题。

5）可让蓄电池保持在良好的工作状态，不发生过充、过放，延长其使用寿命，降低成本。

缺点：长距离高速行驶基本不能省油。

（4）燃料电池电动汽车（FCEV）

燃料电池电动汽车是指以氢气、甲醇等为燃料，通过化学反应产生电流，依靠电机驱动的汽车。其电池的能量是通过氢气和氧气之间的化学反应作用，而不是经过燃烧，直接变成电能的。燃料电池的化学反应过程不会产生有害产物，因此燃料电池电动车辆是无污染的汽车，燃料电池的能量转换效率比内燃机要高 2~3 倍，因此从能源的利用和环境保护方面看，燃料电池电动汽车是一种理想的车辆。与传统汽车相比，燃料电池汽车具有以下优点：

1）零排放或近似零排放。

2）减少了机油泄漏带来的水污染。

3）降低了温室气体的排放。

4）提高了燃油经济性。

5）提高了发动机燃烧效率。

6）运行平稳、无噪声。

缺点：目前氢供应基础设施不完善。

总之，新能源汽车主要以传统燃料之外的新能源作为车辆的驱动能量，新能源汽车与传统汽车的区别如图1-8所示。

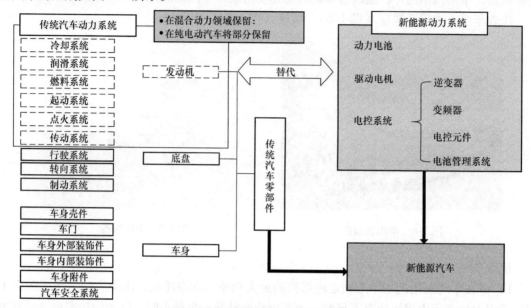

图1-8　新能源汽车与传统汽车的区别

3. 新能源汽车发展前景

2016年10月26日，由500多位行业专家历时一年研究编制的《节能与新能源汽车技术路线图》正式发布。《中国制造2025》将节能与新能源汽车列为重点发展十大领域之一，以汽车强国正式上升为国家战略。而《节能与新能源汽车技术路线图》的发布，则为我国汽车产业技术描绘出未来15年的发展蓝图。

路线图以2020年、2025年、2030年为节点，在销量方面，规划出至2020年，新能源汽车年销量超过总销量7%；2025年新能源汽车年销量超过总销量15%；2030年新能源汽车年销量超过总销量40%。这也就意味着，我国新能源汽车销量2020年要达到210万辆、2025年要超过500万辆，2030年将会超过1500万辆。

在油耗控制方面，2012年6月28日国务院发布《节能与新能源汽车产业发展规划》（2012—2020年），明确了我国汽车节能标准的整体目标，要求2020年乘用车新车平均燃料消耗量低于5.0L/100km。

为配合达到2030年40%市场占有率的高目标，路线图还指出，到2020年，我国将建成超1.2万个充换电站，超500万个充电桩；至2030年，将建成超4.8万个充换电站，超8000万个充电桩，新能源汽车保有量将超过8000万辆。

从路线图来看，自主品牌未来在新能源汽车发展方面将承担起非常重要的引领作用。2020年，我国要打造明星车型，进入全球销量排名前十；2025年，我国将形成自主可控完整的新能源产业链，自主品牌纯电动和插电式混合动力汽车产品技术水平与国际同步；2030年，新能源汽车自主产业链进一步完善，并培育出具有国际领先水平的新能源汽车零部件企业。

在我国新能源汽车重大项目的不断推动下,在汽车行业及相关产学研单位的共同努力下,我国建立起了新能源汽车"三纵三横"的产业格局。将燃料电池汽车、混合动力汽车、纯电动汽车三种整车技术列为"三纵",多能源动力总成电子控制系统、驱动电机、动力电池三种关键技术列为"三横"。新能源汽车产业格局如图1-9所示。节能汽车发展目标见表1-1。图1-10为2013—2018年新能源汽车销售及增长率。

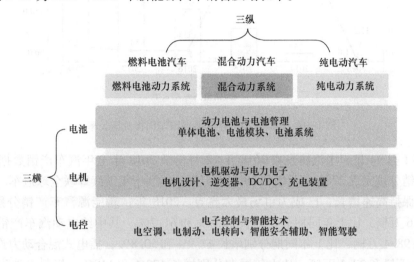

图1-9 新能源汽车产业格局

表1-1 节能汽车发展目标

发展目标	技术路径	发展重点
乘用车新车平均油耗: 2020年 5.0L/100km 2025年 4.0L/100km 2030年 3.2L/100km 商用车平均油耗(相比2015年): 2020年 降低10% 2025年 降低15% 2030年 降低20% 节能汽车市场占有率: 2020年 30% 2025年 40% 2030年 50%	节能乘用车: 提高发动机热效率 优化动力总成匹配 降低传动损失 减少整车能量损耗 混合动力发动机专用化 提高混合动力系统效率 节能商用车: 提高柴油机热效率 降低整车动力损耗 混合动力	先进内燃机燃烧机理研究 自主控制系统开发 全可变气门技术 废气能量回收 发动机热管理技术 变速器自动化、高效化及核心零部件技术 低摩擦技术研究 增压器与应用技术 先进燃油喷射系统研究 48V系统开发 混合动力发动机技术 混合动力机电耦合技术

2017年10月17日,工信部、财政部、商务部、海关总署、质检总局联合发布了《乘用车企业平均燃料消耗量与新能源汽车积分并行管理办法》(即"双积分政策"),对新能源汽车的技术含量、配套设施、服务水平有了更高的要求。汽车产业不仅规模庞大,而且关联行业多,还是众多产业技术创新的集合体,从行业现状来看,新能源汽车将是发展趋势。从产业规模来说,我国已经连续三年位居全球新能源汽车产销第一大国,截至2017年年底,我国累计推广的新能源汽车总量超过180万辆。

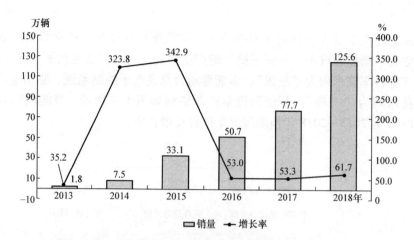

图1-10 2013—2018年新能源汽车销售及增长率

2019年1月14日,中汽协发布2018年12月份及2018年全年汽车产销数据。2018年全年汽车产销分别完成2780.9万辆和2808.1万辆,连续十年继续蝉联全球冠军。新能源汽车市场继续保持高速增长,已成为市场最大亮点。2018年,新能源汽车产销分别完成127万辆和125.6万辆,比上年同期分别增长59.9%和61.7%。其中纯电动汽车产销分别完成98.6万辆和98.4万辆,比上年同期分别增长47.9%和50.8%;插电式混合动力汽车产销分别完成28.3万辆和27.1万辆,比上年同期分别增长122%和118%;燃料电池汽车产销均完成1527辆。

新能源汽车市场的快速发展得益于国家各项鼓励政策的作用,也有技术进步带来动力电池等成本下降的因素,还有消费者更加愿意接受和使用新能源汽车的因素。预计2019年中国新能源汽车市场仍将继续扩大,保持较快增长,预计增速将保持在40%以上。

4. 新能源汽车应用特点

(1) 无污染、噪声低

与燃油发动机汽车相比,新能源汽车行驶时不产生排放污染物,驱动电机工作时产生的噪声也比发动机产生的噪声小。但是,使用新能源汽车并非绝对无污染,蓄电池充电所用的电力,在用煤炭作燃料时也会产生 CO、SO_2、粉尘等有害排放物质。但它的污染比燃油汽车的废气要轻得多。

(2) 能源效率高、来源多样化

新能源汽车的能源利用效率已超过燃油汽车,特别是在城市工况运行时,汽车走走停停,行驶速度不高,新能源汽车更加适宜。新能源汽车停车时不消耗电量,在制动过程中,电动机还可以自动转化为发电机,实现减速制动时能量的回收利用。另一方面,新能源汽车的应用可有效地减少对石油资源的依赖。向蓄电池充电的电力可以由煤炭、天然气、水力、核能、太阳能、风力、潮汐等能源转化而来。除此之外,如果夜间向蓄电池充电,还可以避开用电高峰,有利于电网均衡负荷,减少费用。

(3) 结构简单、维修保养方便

新能源汽车较传统的燃油汽车结构简单,运转和传动的零部件比较少,维修保养工作量小。动力电池、驱动电机保养以检查紧固为主。

(4) 维修成本高、续驶里程短

目前新能源汽车尚不如燃油汽车技术完善，一方面动力电池的寿命短，更换成本高；另一方面动力电池的储存能量小，一次充电后续驶里程不理想，汽车的价格也比较贵。但从发展的角度来看，随着科技的进步，新能源汽车的问题会逐步得到解决。

(5) 基础设施差、充电不方便

新能源汽车需要频繁充电，当车辆正常停放或长途行驶时，能够提供充电的设施非常少。此外，新能源汽车的动力电池充满电所需要的时间也比较长，使用的便捷性较差。

二、任务实施

1. 实施准备

(1) 实训物品准备

1) 镍氢电池单体。
2) 锂离子电池单体。

(2) 安全注意事项

1) 禁止随意分解各种蓄电池。
2) 任务实施场地明亮整洁、通风良好。
3) 禁止携带钥匙、手表、首饰等物品进行任务实施。
4) 佩戴安全防护用品，避免电解液溅入眼内或接触皮肤。

2. 实施内容

1) 主流电动车品牌调查。
2) 主流电动乘用车主要性能参数记录。

3. 实施记录

任务实施记录单见表1-2。

表1-2 国内主流电动车性能参数查询记录单

汽车生产企业名称	车辆名称	纯电动车续驶里程/km	整车装备质量/kg	动力电池组总质量/kg	动力电池组总能量/kW·h
江淮汽车					
比亚迪汽车					
北汽新能源汽车					
奇瑞汽车					
广汽集团汽车					
重庆力帆汽车					
吉利新能源汽车					
蔚来汽车					
长城汽车					
上汽荣威汽车					
长安汽车					

三、任务检验

1. 自检
参与实训练习的学员自我完成任务检验。

2. 互检
由完成相同实操练习项目的学员相互进行任务检验。

3. 终检
由专职质量管理人员（教师）进行专业检查。

四、教学评估

由教师依据教学目标对教学过程及结果进行价值判断。

任务二　新能源汽车结构认知

情境导入

小刘是一名学习汽车专业的学生，正在某品牌新能源汽车4S店实习。

刘同学：新能源汽车是由哪些部件组成的呢？

技师王：新能源汽车中的电动汽车是一种采用单一蓄电池作为动力源的汽车。它利用蓄电池作为储能动力源，通过电池向电机提供电能，驱动电机运转，从而推动汽车行驶。结构上与传统汽车最大的区别在于动力系统，电动汽车的动力装置主要由动力电池和驱动电机等组件组成。

学习目标

1. 了解电动汽车的基本结构。
2. 掌握电动汽车的部件功能。

一、相关知识

1. 电动汽车基本结构

电动汽车是在传统汽车产业链基础之上发展而来的，在车辆结构上与传统汽车最大的区别在于动力系统。电动汽车的核心结构主要包括动力电池系统、动力驱动系统和整车控制系统三部分，此外还有车辆辅助控制系统以及动力传动系统等部件，如图 1-11 所示。

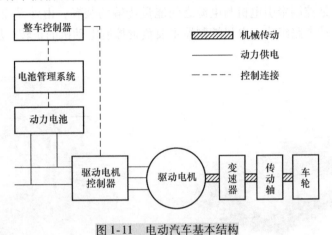

图 1-11 电动汽车基本结构

2. 电动汽车部件功能

电动汽车的主要组成部件如图 1-12 所示。

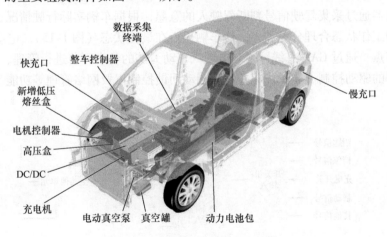

图 1-12 电动汽车主要组成部件

（1）动力电池系统

电动汽车动力电池的成本大概占整车成本的 50%，因此电池的性能决定着整车的性价比。电动汽车的动力电池系统是一个集成的动力能量系统，它通过 CAN 总线与整车控制系统、充电机、电机控制器等部件进行通信，并协同工作来完成车辆的正常行驶。图 1-13 为日产聆风动力电池系统。

（2）动力驱动系统

动力驱动系统是电动汽车的心脏，主要由驱动电机和电机控制器组成。驱动电机是新能源汽车的三大核心部件之一，是车辆行驶的主要执行机构。驱动电机可以根据驾驶人的驾驶意图，将动力电池的电能转换为动能来驱动车辆行驶，或者将车轮上的动能反馈到动力电池系统，以实现车辆的再生能量工作。图1-14为驱动电机。

根据GB/T 18488.1—2001《电动汽车用电机及其控制器技术条件》对电机控制器的定义，电机控制器就是控制牵引电机与电源之间能量传输的装置，由外界控制信号接口电路、电机控制电路和驱动电路组成。电机控制器主要负责控制电动机的正转、反转，以维持电动汽车的正常运转。

图1-13 日产聆风动力电池系统

图1-14 驱动电机

（3）整车控制器

整车控制器通过采集驾驶信号判断驾驶人的意愿，根据车辆实际行驶情况、动力电池以及驱动电机的工作状态合理分配动力，使车辆运行在最佳状态（图1-15）。电动汽车以整车控制器为主节点，通过CAN总线网络对电动汽车动力链的各个环节进行管理、协调和监控，以此实现整车的驱动控制、能量优化控制、制动回馈控制以及网络管理等功能。

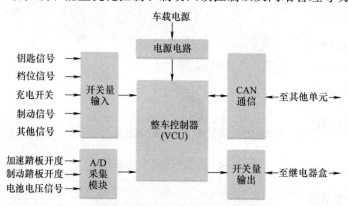

图1-15 整车控制器工作原理图

（4）高压盒

高压盒是电动汽车高压电的分配单元。新能源汽车高压系统普遍采用集中配电方案，其结构设计紧凑、接线布局方便。高压动力电源直接进入高压配电盒，然后根据系统需要再分配到各个高压电气部件，此外高压配电盒还集成了部分电池管理系统智能控制单元，从而更进一步简化整车架构配电系统。

（5）DC/DC

根据 GB/T 24347—2009《电动汽车 DC/DC 变换器》的术语和定义，DC/DC 表示在直流电路中将一个电压值的电能变换为另一个电压值的电能的装置。DC/DC 就是直流转直流的意思，可以将动力电池的高压直流电转换为低压直流电，通常为 12V，以此给新能源汽车的基础电气系统提供低压直流电源。

（6）充电机

按照《电动汽车用传导式车载充电机》的定义，车载充电机是指固定安装在电动汽车上，将公共电网的电能变换为车载储能装置所要求的直流电，并给车载储能装置充电的装置。充电机能够根据电池管理系统（BMS）提供的数据，动态调节充电时的电流或电压参数，自动完成充电过程。

（7）辅助控制系统

电动汽车辅助控制系统用于保证和提高车辆的行驶安全性能。主要包括空调、冷却系统、电动转向系统、电控制动系统以及安全气囊等装置，借助这些辅助设备来提高车辆的安全性和舒适性。

（8）车身基础电气系统

车身基础电气系统是汽车重要的组成部分之一，相当于电动汽车的神经系统，承担着基本功能应用、安全警示、能量与信息传递等功能，对车辆的动力性、经济性、安全性和舒适性等有着非常大的影响。汽车基础电气系统是现代汽车发展水平的一个重要标志，其科技含量已成为衡量现代汽车档次的重要指标之一。随着科技的发展，集成电路和微型电子计算机在汽车上的广泛应用，电器数量在增加、功率在增大，产品质量、性能在提高，结构更趋于完善。

（9）动力传动系统

电动汽车驱动电机与车轮之间的动力传递装置称为动力传动系统。该系统使车辆具有在各种行驶条件下所必需的牵引力，以及使牵引力与车速之间协调变化的功能。目前，电动汽车的动力传动系统主要有以下三种布置方案：

第一种和传统发动机传动系统布置方案一样，仍带有变速器，主要是为了提高电动汽车的起动转矩及增加低速时电动汽车的后备功率。装有这种传动系统的电动车主要是由燃油汽车改装而成。

第二种布置形式的最大特点是取消了离合器和变速器，因此对驱动电机的要求较高。不仅要求有较高的起动转矩，而且要求具有较大的后备功率，以保证电动汽车起步、爬坡、加速超车等动力性能。

第三种布置形式是直接将驱动电机安装在驱动轮或驱动轴上，直接由电机实现变速、差速、换向。它不仅要求电机性能好，有较高的起动转矩，较大的后备功率，而且对控制系统的要求也很高。控制系统要有较高的控制精度，具备良好的可靠性，从而使电动汽车安全、平稳地行驶。

二、任务实施

1. 实施准备

（1）实训物品准备

1）电动汽车整车。
2）车辆防护用品三件套。
3）高压安全用电警示牌。
4）警示隔离带。
5）车辆举升机。

（2）安全注意事项

1）任务实施场地拉设警示隔离带。
2）关闭点火开关，断开低压电池负极连接线。
3）在前机舱内放置高压安全用电警示牌。
4）严禁用手直接触摸动力电缆（橙色部分）。
5）举升车辆时，必须规范操作举升机。

2. 实施内容

1）电动汽车主要组成部件认知。
2）电动汽车组成部件功能描述。

3. 实施记录

任务实施记录单见表1-3。

表1-3 任务实施记录单

序号	部件名称	安装位置	部件功能
1	动力电池		
2	驱动电机		
3	电机控制器		
4	整车控制器		
5	高压盒		

项目一　新能源汽车简介　13

（续）

序号	部件名称	安装位置	部件功能
6	DC/DC 变换器		
7	车载充电机		

三、任务检验

1. 自检

参与实训练习的学员自我完成质量检验。

2. 互检

由完成相同实操练习项目的学员相互进行质量检验。

3. 终检

由专职质量管理人员（教师）进行专业检查。

四、教学评估

由教师依据教学目标对教学过程及结果进行价值判断。

复 习 题

一、填空题

1. 按照动力源的不同，新能源汽车主要有（　　　）、（　　　）、（　　　）和

（　　　）四种。

2. 我国汽车节能标准要求2020年乘用车新车平均燃料消耗量低于（　　　）L/100km。

3. 新能源电动汽车是在传统汽车产业链基础之上发展而来的，在车辆结构上与传统汽车最大的区别在于（　　　）。

4. （　　　）是新能源汽车的三大核心部件之一，是车辆行驶的主要执行机构。

5. 电动汽车以整车控制器为主节点，通过（　　　）网络对电动汽车动力链的各个环节进行管理、协调和监控。

6. 电动汽车驱动电机与车轮之间的动力传递装置称为（　　　）。

二、判断题

（　　　）1. 在汽车行业及相关产学研单位的共同努力下，我国建立起了新能源汽车"三纵三横"的研发布局。

（　　　）2. 与燃油汽车相比，新能源汽车行驶时不产生排放污染物，驱动电机工作时产生的噪声也比发动机产生的噪声小。

（　　　）3. 新能源汽车需要频繁地给动力电池充电，当车辆正常停放或长途行驶时，目前能够提供充电的设施非常少。

（　　　）4. 新能源电动汽车其动力电池的成本大概占整车成本的50%，因此电池的性能决定着整车的性价比。

（　　　）5. DC/DC表示在直流电路中将一个电压值的电能变换为另一个电压值的电能装置。

（　　　）6. 高压盒是新能源电动汽车高压电的分配单元。

项目二 新能源汽车安全操作

任务一 高压安全防护

情境导入

某品牌的新能源汽车4S店在开展新员工培训。

员工李：听说新能源汽车上有好几百伏的高压电，维修新能源汽车是不是很危险啊？

技师王：新能源汽车确实是采用高压动力电池来驱动车辆行驶。该电压通常在300V以上，但是只要按照规范进行操作就不会有危险。

学习目标

1. 了解触电危害和电动汽车安全要求。
2. 具备触电防护与救护能力。
3. 能够正确使用高压安全防护用品。

一、相关知识

1. 触电危害

电能是一种非常方便的能源，它的广泛应用形成了人类近代史上第二次技术革命，有力地推动了人类社会的发展，给人类创造了巨大的财富，改善了人类的生活。但是如果在生产和生活中不注意安全用电，很可能就会带来灾害，因此只有在采取必要的安全措施的情况下才能使用和维修电器设备。

在大力推广电动汽车的同时，如何保证驾驶人员、乘车人员以及汽车维修人员的人身安全，更是值得我们特别关注的话题。在电动汽车安全标准 ISO 6469.3 和 GB/T 18384.3—2015 中，对电动汽车的电压作了规范定义。电动汽车的工作电压分为A、B两个等级。电动汽车电压等级划分见表2-1。

表2-1 电动汽车电压等级划分

序号	工作电压等级	直流/V	交流（15~150Hz）/V
1	A级	$0 < U \leqslant 60$	$0 < U \leqslant 30$
2	B级	$60 < U \leqslant 1000$	$30 < U \leqslant 660$

对于A级电压，不需要进行触电防护。对于任何B级电压电路中的带电部件，都应该为电路的接触人员提供安全防护。

根据欧姆定律可知，流经人体电流的大小与外加电压、人体电阻有关。人体电阻除人体自身电阻外,还应附加上人体以外的衣服、鞋、裤等电阻。虽然人体电阻一般可达5kΩ,但是影响人体电阻的因素很多,如皮肤潮湿出汗、带有导电性粉尘、加大与带电体的接触面积和压力,以及衣服、鞋、袜的潮湿油污等情况,均能使人体电阻降低,所以通常流经人体电流的大小是无法事先计算出来的。为确定安全,往往不采用安全电流,而是采用安全电压来进行估算。一般情况下,也就是在干燥而触电危险性较小的环境下,安全电压规定为24V,对于潮湿而触电危险性较大的环境(如金属容器、管道内施焊检修),安全电压规定为12V。这样,触电时通过人体的电流被限制在较小的范围内,可在一定的程度上保障人身安全。

当人体电阻一定时,人体接触的电压越高,通过人体的电流就越大,对人体的损害也就越严重。并不是人一接触电源就会对人体产生伤害,在日常生活中我们用手触摸普通干电池的两极,人体并没有任何感觉,这是因为普通干电池的电压较低(直流1.5V)。作用于人体的电压低于一定数值时,在短时间内电压对人体不会造成严重的伤害事故,我们称这种电压为安全电压。

触电对人体的危害程度,主要取决于通过人体电流的大小和通电时间长短。电流强度越大,致命危险越大;持续时间越长,死亡的可能性越大。电力行业规定,安全电压为不高于36V,持续接触安全电压为24V,安全电流为10mA。能够引起人感觉到的最小电流值称为感知电流,交流为1mA,直流为5mA;人体触电后能自己摆脱的最大电流称为摆脱电流,交流为10mA,直流为50mA;在较短的时间内危及生命的电流称为致命电流,致命电流为50mA。在有防止触电保护装置的情况下,人体允许通过的电流一般为30mA。人体触电反应见表2-2。

表2-2 人体触电反应

序号	电流/mA	50Hz交流电	直流电
1	0.6~1.5	手指开始感觉发麻	无感觉
2	2~3	手指感觉强烈发麻	无感觉
3	5~7	手指肌肉感觉痉挛	手指灼热感和刺痛
4	8~10	手指关节与手掌感觉痛,手已难以脱离电源,但尚能摆脱电源	灼热感增加
5	20~25	手指感觉剧痛,迅速麻痹,不能摆脱电源,呼吸困难	灼热感增加,手的肌肉开始痉挛
6	50~80	呼吸麻痹,心房开始震颤	强烈灼痛,手的肌肉痉挛,呼吸困难
7	90~100	呼吸麻痹,持续3min后或更长时间后,心脏停搏或心房停止跳动	呼吸麻痹

电动汽车的动力电池是用低电压电池进行串联,以获得200~500V的高电压,然后再转换成三相交流电。有些车型的高压系统电压甚至可达到600V,因此在维修电动汽车的过程中必须做好对高压电的安全防护。

2. 触电急救

当发现了人身触电事故,发现者一定不要惊慌失措,应动作迅速,救护得当。首先要迅速将触电者脱离电源；其次，立即就地进行现场救护，同时找医生救护。

（1）脱离电源

电流对人体作用的时间越长，对生命的威胁越大，所以触电急救首先要使触电者迅速脱离电源。救护人员既要救人也要注意保护自己，可根据具体情况选用拉、切、挑、拽和垫等方法。

1）"拉"是指就近拉开电源开关，拔出插销或断路器。

2）"切"是指用带有绝缘柄或干燥木柄的工具切断电源。切断时，应注意防止带电导线掉落碰触到周围的人。对于多芯绞合导线，应分相切断，以防短路伤害人。

3）"挑"是指如果导线搭落在触电人身上或压在身下，这时可用干燥的木棍或竹竿等绝缘工具挑开导线，使之脱离电源。

4）"拽"是救护人戴上绝缘手套或在手上包裹干燥的衣服、围巾、帽子等绝缘物体拖拽触电人，使其脱离开电源导线。

5）"垫"是指如果触电人由于痉挛手指紧握导线或导线缠绕在身上，这时救护人可先用干燥的木板或橡胶绝缘垫塞进触电人身下使其与大地绝缘，隔断电源的通路，然后再采取其他办法把电源线路切断。

（2）注意事项

1）救护人不得采用金属和其他潮湿的物品作为救护工具。

2）在未采取绝缘措施前，救护人不得直接接触触电者的皮肤、潮湿的衣服以及鞋子。

3）在拉拽触电人脱离开电源线路的过程中，救护人适合用单手操作，这样做对救护人比较安全。

4）当触电人处于较高的位置时，应采取预防摔伤措施，预防触电人在解脱电源时从高处坠落摔伤或摔死。

5）夜间发生触电事故时，在切断电源时会同时使照明断电，应考虑切断后的临时照明，如应急灯等，以利于开展救护工作。

（3）对症抢救

将触电者脱离电源后应立即移到通风处，并将其仰卧，迅速鉴定触电者是否有心跳、呼吸等体征。

1）若触电者神志清醒，但感到全身无力、四肢发麻、心悸、出冷汗、恶心或一度昏迷，但未失去知觉，应将触电者抬到空气新鲜、通风良好的地方舒适地躺下休息，让其慢慢地恢复正常。要时刻注意保温和观察，若发现呼吸与心跳不规则，应立刻设法抢救。

2）触电者呼吸停止但有心跳，应用口对口人工呼吸法抢救。

3）若触电者心跳停止但有呼吸，应用胸外心脏按压法和口对口人工呼吸法抢救。

4）若触电者呼吸、心跳均已停止，需同时进行胸外心脏按压法与口对口人工呼吸法抢救。

5）千万不要给触电者打强心针或拼命摇动触电者，也不要用木板石来压，以及强行挟持触电者，避免使触电者的情况更加恶化。

抢救过程要不停地进行，在送往医院的途中也不能停止抢救。当抢救者出现面色好转、嘴唇逐渐红润、瞳孔缩小、心跳和呼吸逐渐恢复正常时，即为抢救有效的特征。

（4）施救方法

1）口对口人工呼吸法。在做人工呼吸之前，首先要检查触电者口腔内有无异物，呼吸道是否堵塞，特别要注意清理咽喉部分有无痰堵塞。其次，要解开触电者身上妨碍呼吸的衣裤，且维持好现场秩序。方法如图 2-1 所示。

① 将触电者仰卧，并使其头部充分后仰，一般应用一手托在其颈后，使其鼻孔朝上，以利于呼吸道畅通，但头下不得垫枕头，同时将其衣扣解开。

图 2-1　口对口人工呼吸法

② 救护人在触电者头部的侧面，用一只手捏紧其鼻孔，另一只手的拇指和食指掰开其嘴巴。

③ 救护人深吸一口气，紧贴掰开的嘴巴向内吹气，也可铺一层纱布。吹气时，要用力并使其胸部膨胀，一般应每 5s 吹一次，吹 2s，放松 3s。对儿童可小口吹气。

④ 吹气后应立即离开其口或鼻，并松开触电者的鼻孔或嘴巴，让其自动呼气。

⑤ 在实行口对口（鼻）人工呼吸时，当发现触电者腹部充气膨胀，应用手按住其腹部，并同时进行吹气和换气。

2）胸外心脏按压法。胸外心脏按压术是触电者心脏停止跳动后使心脏恢复跳动的急救方法，是每一个电气工作人员应该掌握的救护技能。方法如图 2-2 所示。

① 首先使触电者仰卧在坚实的地方，解开领口衣扣并使其头部充分后仰，鼻孔向上。也可由另外一人用手托在触电者颈后或将其头部放在木板端部，在其胸后垫以软物。

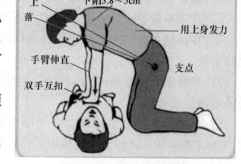

图 2-2　胸外心脏按压法

② 救护者跪在触电者一侧或骑跪在其腰部两侧，两手相叠，下面手掌根部放在心窝上方，胸骨下 1/3 ~ 1/2 的位置。

③ 掌根用力垂直向下挤压，力量要适中不得太猛，对成人应压陷 3 ~ 4cm，频率为 60 次/min；对 16 岁以下儿童，一般应用一只手挤压，用力要比成人稍轻一点，压陷 1 ~ 2cm，频率 100 次/min 为宜。

④ 按压后，掌根应迅速全部放松，让触电者胸部自动复原；放松时，掌根不要离开压迫点，只是不向下用力而已。

⑤ 为了达到良好的效果，在进行胸外心脏按压法的同时，必须进行人工呼吸。因为正常的心脏跳动和呼吸是相互联系且同时进行的，没有心跳，呼吸也要停止，而呼吸停止，心脏也不会跳动。

注意：实施胸外心脏按压法时，切不可草率行事，必须认真坚持，直到触电者苏醒或其他救护人员、医生赶到。

（5）触电预防

1）不要带电操作。操作电工应尽量不进行带电作业，特别是在一些比较危险的场所，应禁止进行带电作业。若必须带电操作，应采取必要的安全措施，例如有专人在现场监护及采取相应的安全绝缘措施等。

2）完善安全措施。电气设备的金属外壳可采用保护接零或保护接地等安全措施，但绝不允许在同一电力系统中一部分设备采取保护接零，另一部分设备采取保护接地。

3）建立安全制度。安全检查是发现设备缺陷，及时消除事故隐患的重要措施。安全检查一般应每季度进行一次，特别要加强雨季前和雨季中的安全检查。各种电器，尤其是移动式电器应建立经常的与定期的检查制度，若发现安全隐患，应及时加以处理。

4）加强安全教育。加强电气安全教育和培训是提高电气工作人员的业务素质，加强安全意识的重要途径。电气设备的操作者还要加强用电安全规程的学习，从事电工工作的人员除了应熟悉电气安全操作规程外，还需要掌握电气设备的安装、使用、管理、维护及检修工作的安全要求，具备电气火灾的灭火常识和触电急救的基本操作技能。

5）作业警示。操作电工在全部停电或部分停电的电气设备上工作前，必须做到停电、验电、装设接地线、悬挂安全警示牌和装设防护栏等方面的工作，然后再进行实际作业。

3. 高压安全防护

（1）防护用品

1）绝缘鞋。绝缘鞋是辅助安全用品，有多种型号，通常适用于交流50Hz、1000V以下或直流1500V以下的电力设备检修工作。绝缘鞋标准GB 12011—2000对产品使用者也提出了新要求：在使用时应避免锐器刺伤鞋底，使用时鞋面保持干燥，避免高温和腐蚀性物质。产品在穿用6个月后应做一次预防性试验，因锐器刺穿的不合格品不得再当作绝缘鞋使用。

2）绝缘帽。绝缘帽是指具备电绝缘性能要求的安全帽，在帽子上会有"D"的字母标记。按照国标进行电绝缘性能试验，用交流1200V耐压试验1min，泄漏电流不应超过1.2mA。

3）护目镜。护目镜也叫安全防护眼镜，其种类很多，有防尘眼镜、防冲击眼镜、防化学眼镜和防光辐射眼镜等。护目镜是一种能起到特殊防护作用的眼镜，可根据使用场合的不同选择合适的眼镜。

4）绝缘手套。绝缘手套又叫高压绝缘手套，是用天然橡胶制成，主要用于电工作业。在维修新能源汽车时，通常要求所使用的绝缘手套绝缘等级在1000V/300A以上。

在使用前必须进行充气检验，发现有任何破损则不能使用；维修作业时应将衣袖口套入筒口内，以防发生意外；使用后应将内外污物擦洗干净，待干燥后撒上滑石粉平整放置于干燥的环境中，避免受压受损，远离热源和腐蚀物质；在使用6个月后必须进行预防性试验。

5）绝缘地毯。绝缘地毯又叫绝缘垫、绝缘垫胶板，是用绝缘性能优良的橡胶制造而成的，适用于各种电工作业场所。

6）绝缘工具。绝缘工具通常分为基本绝缘安全工器具和辅助绝缘安全工器具。基本绝缘安全工具是指能直接操作带电设备或可能带电物体的维修工具。辅助绝缘安全工具是指绝缘强度不是承受设备或线路的工作电压，只是用于加强基本绝缘安全的保护作用，用以防止接触电压、跨步电压、泄漏电流电弧对操作人员的伤害，不能用辅助绝缘安全工具直接接触高压设备的带电部分。属于辅助绝缘的安全工器具有绝缘手套、绝缘鞋、绝缘胶垫等。

为了顺利完成电力系统的工作任务而又不发生安全事故，操作者必须携带和使用各种安全工具。

7)安全警示带。安全警示带也叫安全隔离带，主要有塑料和涤纶布两种材质。安全警示带常用于施工地段、危险地段、交通事故以及突发事件的隔离，在检修新能源汽车时可用于圈定操作场地，起到提醒他人注意安全防范的作用。

8)高压电警示牌。在高压电气系统的检修作业场所放置高压电警示牌是保证工作人员安全的主要措施之一，以此起到安全警示作用，避免或减少安全事故的发生。根据作业内容的不同，通常在警示牌上书写"严禁触摸 高压危险""严禁合闸 正在检修""严禁操作 正在检修"等字样。

(2) 个人防护

1)禁止携带钥匙、手表、首饰等导电金属物品。

2)穿好绝缘鞋，戴好绝缘手套、护目镜等防护用品，当在车底拆装动力电池或进行绝缘检测时还需要佩戴绝缘帽。

3)拆装车辆高压部件时，必须使用电动汽车维修专用绝缘工具，这样才能确保检修过程中的人身安全和设备安全。

4)电动汽车上导线颜色表示特定的含义，鲜艳的橙色电缆用来警示有高压电危险，在检修此类线路部件时必须进行高压防护。

5)在对新能源汽车进行维修或对动力电池充电时，需要放置警示标志，并把车钥匙从点火开关上取下来保管好。

(3) 火灾应对

电动汽车在发生交通事故、维修或使用不当造成短路时很容易引起火灾。电动汽车燃烧时产生的大火比内燃机汽车更猛烈，火情更难控制。电动汽车内部有大容量的蓄电池，电动汽车蓄电池种类很多，使用比较普遍的蓄电池主要有铅酸电池、镍氢电池、锂离子电池（锂电池）。镍氢电池的活性物质是氧化镍、氢氧化钾、氧化钴等，这种蓄电池如果发生起火和爆炸，电池在燃烧时释放出大量的热，并会产生威胁人员生命的有毒气体，因此灭火人员必须戴上呼吸面罩。

2018年9月4日，我国工信部装备工业发展中心发布了《关于开展新能源客车安全隐患专项排查工作的通知》。装备工业发展中心将联合有关单位，不定期抽查企业新能源客车监控平台预警体系运行情况，并将结果上报工信部。企业应按照国家标准要求进行相关监控平台建设和运行监控工作，能够对产品异常状态进行监控和预警，并能即时上报地方和国家平台。

电动汽车燃烧时，一般采用泡沫灭火器或干粉灭火器来灭火，但是这些灭火器都灭不了锂电池的火情，在燃烧现场，在确保人员安全的前提下首先应该把蓄电池与其他物品分开，让蓄电池自行燃烧完毕。

在各大新能源汽车生产厂商所出具的紧急响应指南里都提到了用水灭火。不仅提到了用水灭火，而且是大量且持续的水。用水灭火主要出于两个目的：

一是降温。NFPA（美国消防协会）做过相关测试，电池燃烧时外面的最高温度能达到1 090℃。同时用水长时间压制火苗，能防止热量进一步扩散，降低复燃风险。

二是稀释产生的有毒气体。新能源汽车使用的锂电池在燃烧过程中，会产生不少有毒气体，比如HF（氢氟酸）、CO（一氧化碳）、HCN（氰化氢）等气体。

4. 安全操作

1）严禁非专业人员对新能源汽车的任何高压部件进行拆卸或安装。

2）未经过高压安全培训的维修人员，不允许对高压部件进行维护。

3）在维修作业前必须确认点火开关处于 Lock 档位，并断开低压蓄电池负极，然后用绝缘胶带做好蓄电池负极的绝缘处理。

4）在充电过程中不允许对车辆进行任何的拆装、维护作业。

5）高压部件打开或插头断开后，先使用万用表对其电压进行测量，电压在规定的安全电压值以下才可以进行下一步的操作。

6）当高压线束出现绝缘故障时应立即更换，不能用普通线缆代替。

7）严禁用水擦拭或冲洗车辆电气部分，严禁利用车身电源对车辆以外的其他设备进行供电。

8）遇雷雨、风雪等恶劣天气，禁止在室外对电动汽车进行充电或维修作业。

9）当发现有人触电时，应立即切断电源进行抢救，在未断开电源前严禁与触电者直接接触。

二、任务实施

1. 实施准备

（1）实训物品准备

1）心肺复苏训练用人体模型。

2）高压安全防护用品套件。

（2）安全注意事项

1）任务实施场地明亮整洁、通风良好。

2）禁止携带钥匙、手表、首饰等物品进行任务实施。

3）安全防护用品属于专用物品，严禁用于其他用途。

4）安全防护用品应设有专用的存放区域。

2. 实施内容

1）人工呼吸救护演练。

2）胸外心脏按压演练。

3）安全防护用品规范使用。

4）安全防护用品型号识读。

3. 实施记录

任务实施记录单见表 2-3。

三、任务检验

1. 自检

参与实训练习的学员自我完成质量检验。

表 2-3 任务实施记录单

序号	防护用品	产品型号说明
1		
2		
3		
4		
5		

2. 互检

由完成相同实操练习项目的学员相互进行质量检验。

3. 终检

由专职质量管理人员（教师）进行专业检查。

四、教学评估

由教师依据教学目标对教学过程及结果进行价值判断。

任务二　车辆安全操作

情境导入

赵经理开着前几年买的燃油车到某品牌的新能源汽车4S店进行车辆置换。

赵经理：新能源汽车的驾驶方法和传统的燃油车一样吗？

销售李：新能源汽车设有高压部件，在使用之前应仔细阅读车主使用手册。请注意车辆上面的安全标识，为了避免人身伤害，严禁非专业人员接触高压电缆及插头（橙色部分）。如果车辆出现故障，请立即联系售后服务人员，严禁私自拆卸维修，否则可能会发生触电危险。

学习目标

1. 了解并识别电动汽车上的安全警告标识。
2. 掌握电动汽车控制开关操作方法。

一、相关知识

1. 高压警告

新能源汽车的高压部件外壳上都有非常醒目的警告标志，如图2-3所示。严禁触碰损坏动力电缆以及高压电池。

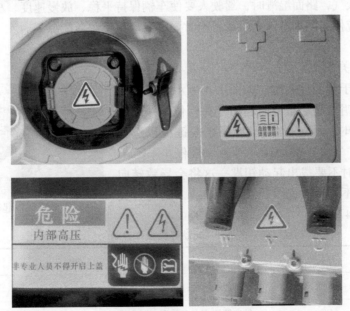

图2-3　高压警示标志

2. 涉水安全

电动汽车能涉水多深？在这么高的电压下如果涉水行驶，不小心会不会电死人？有这种恐慌心理是因为很多人对电不熟悉。实际上电比油容易控制，也更安全，这也是电在现代得以大规模应用的原因。电动汽车涉水对人来说是安全的，人体电阻远高于车体和水的电阻，而电流走最小电阻路径。车体和水是电的良导体，所以即使有电流穿过车身，人相当于站在一个等势体上，毫无危险。电池如果因漏水发生短路，会迅速放电而失去电压，从而不再形成危害，但电池会报废，同时车辆上也加装了电池紧急开关和 BMS 漏电保护装置。涉水时应注意以下事项：

1）汽车涉水行驶前，必须仔细查看水深、流速和水底情况以及进、出水域的宽窄和道路情况，由此来判断能否安全地通过。一般来讲，水位达到轮胎 1/2 的位置时，涉水行驶就有一定危险。

2）在确认汽车能够通过时，一般应选择距离最短、水位最浅、水流缓慢及水底最坚实的路段。涉水时，应保持电机运转正常，转向和制动系统灵敏可靠。

3）行驶中要使汽车有足够而稳定的动力，一次通过，尽量避免中途停车或急转弯，尤其是水底路为泥沙时更要注意，行进中要看远顾近，避免使车辆偏离正常的涉水路线而发生意外。

4）车辆涉水后，应停车检查各部位有无浸水、散热器有无漂流物堵塞、轮胎有无损坏、底盘下面有无物体缠绕等，如有杂物应及时将车辆清理干净。出水后先等一会，再低速行驶一段路程，并有意识地轻踩几次制动踏板，让制动衬片与制动盘接触摩擦产生热能，以烘干和蒸发掉制动器中残留的水分，确保制动性能良好。确认技术状况良好后，再正常行驶。

5）遇雨雪天气，路面湿滑时，驾驶人要使车辆保持平稳、放慢速度、小心驾驶。

6）小雨时应使用刮水器，大雨或暴雨时要尽量避免使用新能源车辆。

3. 车辆行驶

（1）起动开关

起动开关位于转向柱右侧，如图 2-4 所示。智能无钥匙按键与传统钥匙起动车型的起动开关档位一致，当智能钥匙在车内时，通过操作起动/停止按键可以选择"LOCK""ACC""ON""START"来起动和停止车辆。

在车辆行驶时不要拔出起动钥匙，这将会导致转向锁啮合，使车辆不能转向进而诱发安全事故。起动开关操作说明见表 2-4。

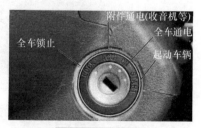

图 2-4 起动开关

表 2-4 起动开关操作说明

序号	开关位置	功能描述
1	0 – LOCK	拔下起动钥匙，车辆熄火，转向盘锁止
2	1 – ACC	转向解锁，大多数用电器不能工作
3	2 – ON	所有仪表、警告灯和电路可以工作
4	3 – START	钥匙位于 ON 位，变速器档位在 N 位，整车即可以显示 READY（或 OK 状态），此时才可以踩下制动踏板换档行车

（2）换档操作

档位旋钮位于车辆中间位置的电子换档面板上，如图 2-5 所示。车辆静止时，驾驶人进行换档操作必须同时踩下制动踏板才能换档成功。如果驾驶人换档时未踩下制动踏板，仪表显示当前换档旋钮的档位并进行闪烁，此时驾驶人需要换至 N 位，重新进行换档操作。

整车上电后电子换档面板上的背景灯点亮，在换档前应先踩下制动踏板，否则档位选择无效。档位操作说明见表 2-5（以北汽 EV160 为例）。

图 2-5　北汽 EV160 电动汽车档位旋钮

表 2-5　档位操作说明

档位选择	操作说明
选择 D 位	换档前先踩下制动踏板，否则档位选择无效。将换档旋钮旋至 D 位，此时字母 D 显示为冰蓝色，其余未选中档位字母显示为白色
选择 R 位	在选择倒档前确保车辆处于静止状态，然后踩下制动踏板，将旋钮旋至 R 位，此时字母 R 显示为冰蓝色，其余未选中档位字母显示为白色
前进档经济模式 E 位	换档前先踩下制动踏板，否则档位选择无效。将旋钮旋至 E 位，此时字母 E 显示为冰蓝色，其余未选中档位字母显示为白色
选择 N 位	在选择空档前，确保车辆处于静止状态
辅助按键 E +	位于换档旋钮左侧，其功能只有在 E 位有效；E + 表示再生能量强度增加，最大为 3 档
辅助按键 E -	E - 表示再生能量强度减小，最小为 1

（3）驾驶注意事项

1）在驾驶过程中，请勿将手放置在换档旋钮上。
2）起动车辆前，应确认换档旋钮处于 N 位。
3）在车辆运行过程中请勿换档。
4）电动汽车起步较猛，加速踏板一定要轻踩。

二、任务实施

1. 实施准备

（1）实训物品准备

1）电动汽车整车。
2）车辆防护用品三件套。
3）高压安全用电警示牌。
4）警示隔离带。
5）车辆举升机。

（2）安全注意事项

1）任务实施场地拉设警示隔离带。
2）在前机舱内放置高压安全用电警示牌。
3）严禁用手直接触摸动力电缆及高压部件（橙色部分）。

4）举升车辆时必须规范操作举升机。
5）实训车辆禁止上路行驶，换档操作在举升机上完成。
6）无须功能操作时，必须断开低压蓄电池负极连接线，高压上电前必须告知所有参训人员，并在车辆上放置高压危险警示牌。

2. 实施内容

1）电动汽车警告标志部件查找。
2）电动汽车起动行驶功能操作。

3. 实施记录

任务实施记录单见表2-6。

表2-6 任务实施记录单

序号	粘贴高压警告标志的零部件
1	
2	
3	
4	
5	
6	
7	
8	
9	

三、任务检验

1. 自检

参与实训练习的学员自我完成质量检验。

2. 互检

由完成相同实操练习项目的学员相互进行质量检验。

3. 终检

由专职质量管理人员（教师）进行专业检查。

四、教学评估

由教师依据教学目标对教学过程及结果进行价值判断。

任务三　仪表信息识读

> **情境导入**
>
> 小刘到新能源电动汽车4S店选购新车。
>
> **刘先生**：电动汽车仪表上这么多的图形符号都代表什么意思呢？
>
> **技师王**：汽车的仪表主要用来为驾驶人提供所需的汽车运行参数信息，在仪表板上安装有各种指示表、指示灯及警告灯，辅助驾驶人观察和了解车辆及各系统的实时工作情况，并及时提示异常现象和故障，以便及时消除安全隐患。

> **学习目标**
>
> 1. 了解行车电脑显示屏信息。
> 2. 了解仪表图形符号含义。
> 3. 了解仪表声音警告信息。

一、相关知识

1. 仪表符号说明

汽车仪表是人与汽车的交互界面，为驾驶人提供所需的车辆运行参数、故障、里程等信息，是汽车必不可少的部件，仪表显示的内容可以直观地告诉驾驶人车辆当前的运行状况。新能源汽车仪表和传统燃油车的仪表作用是一样的，但是其显示的内容则有着很大的区别，以北汽新能源EV160为例，新能源汽车的仪表显示内容如图2-6所示。

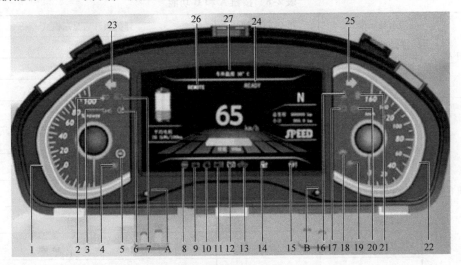

图2-6　仪表显示内容

新能源汽车仪表符号说明见表2-7。

表 2-7 仪表符号说明

序号	功能说明	序号	功能说明
1	驱动电机功率表	15	EPS 故障指示灯
2	前雾灯	16	安全带未系指示灯
3	示廓灯	17	制动故障指示灯
4	安全气囊指示灯	18	防盗指示灯
5	ABS 指示灯	19	充电线连接指示灯
6	后雾灯	20	驻车制动指示灯
7	远光灯	21	车门未关指示灯
8	跛行指示灯	22	车速表
9	蓄电池故障指示灯	23、25	左/右转向指示灯
10	电机及控制器过热指示灯	24	READY（准备）指示灯
11	动力电池故障指示灯	26	REMOTE（远程）指示灯
12	动力电池断开指示灯	27	室外温度显示
13	系统故障指示灯	A	行车电脑显示屏调节按钮
14	充电指示灯	B	行车电脑显示屏调节按钮

2. 仪表按钮说明

仪表下端有两个按钮，从左至右分别称为按钮 A 和 B，其功能见表 2-8。

表 2-8 按钮 A 和 B 功能

	当前显示模式	开关按住时间	开关放开后显示模式
按钮 A	平均电耗	$t<2s$	保养里程
	保养里程	$t<2s$	平均电耗
		$t>10s$	保养里程复位至 10 000km
按钮 B	车速	$t<2s$	数字电压值
	数字电压值	$t<2s$	数字电流值
	数字电流值	$t<2s$	数字转速值
	数字转速值	$t<2s$	瞬时电耗
	瞬时电耗	$t<2s$	车速
	任意模式	$t>3s$	小计清零
	充电模式	$t<2s$	车辆充电信息

3. 声音报警说明

新能源汽车仪表除了显示图文信息之外，通常还具有声音警示功能。见表 2-9。

表 2-9　声音报警说明

序号	功能	报警条件
1	通信故障报警	仪表与总线失去联系时，持续鸣叫
2	充电已满	当电量达到 100% 时且无充电故障，连续鸣叫 10s
3	声音一	车辆有一级严重故障时，持续鸣叫
4	声音二	车辆有二级故障时，持续鸣叫 20s
5	声音三	车辆有三级故障时，鸣叫一声
6	READY 提示音	收到 READY 指示灯有效信号时，蜂鸣器简短鸣叫一声
7	R 位有效提示音	蜂鸣器简短鸣叫一声
8	充电故障报警	充电发生故障时，连续鸣叫 10s
9	充电提醒指示	电量低于 30% 时，充电提醒指示灯点亮，鸣叫一声

二、任务实施

1. 实施准备

（1）实训物品准备

1）新能源汽车整车。

2）车辆防护用品三件套。

3）高压安全用电警示牌。

4）警示隔离带。

（2）安全注意事项

1）任务实施场地拉设警示隔离带。

2）车辆停放平稳，前后禁止站人。

3）在前机舱内放置高压安全用电警示牌。

4）严禁用手直接触摸动力电缆（橙色部分）。

5）车辆在静止状态完成此实训任务，禁止随意开动车辆上路行驶。

2. 实施内容

新能源汽车仪表常见警告灯识读。

3. 实施记录

任务实施记录单见表 2-10。

表 2-10　任务实施记录单

序号	符号	名称	点亮条件
1			
2			

序号	符号	名称	点亮条件
3			
4			
5			
6			
7			
8			
9			
10			
11			
12			

（续）

序号	符号	名称	点亮条件
13			
14			
15	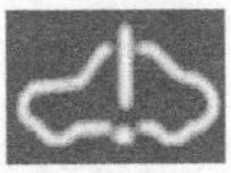		

三、任务检验

1. 自检

参与实训练习的学员自我完成质量检验。

2. 互检

由完成相同实操练习项目的学员相互进行质量检验。

3. 终检

由专职质量管理人员（教师）进行专业检查。

四、教学评估

由教师依据教学目标对教学过程及结果进行价值判断。

任务四 车辆充电操作

情境导入

小张开着朋友的电动车在行驶途中仪表显示电量过低，需要进行充电。

张先生：给新能源汽车充电与给传统汽车加油有啥区别呢？

技师王：新能源汽车是一种采用电能作为动力源的新型交通工具，当动力电池剩余电量不足时需要对其进行充电。常用的充电方式有慢充、快充、换电和无线充电。

学习目标

1. 能够完成新能源汽车的充电操作。
2. 了解新能源汽车充电界面的信息。

一、相关知识

1. 充电装置分类

动力电池充电设备是电动汽车子系统之一，它的功能是将电网的电能转化为车载动力电池的电能。电动汽车充电装置总体上可分为车载充电装置和非车载充电装置两种。

车载充电装置是指安装在电动汽车上，采用地面交流电网对电池组进行充电的装置。包括车载充电机和再生能量充电装置。非车载充电装置即地面充电装置，也就是通常所说的充电桩，它可以满足多种电动汽车的充电需求。

（1）便携充电

便携充电是指使用随车附带的便携充电线连接到普通家用插座上进行充电，如图 2-7 所示。这是一种非常方便的充电方式，只要能找到普通家用插座就可以充电，但是充电速度比较慢，我们称之为慢充。通常新能源汽车的便携充电插头为 16A，有些车型会配备 10A 的转换接头。

一般来说，普通家用插座的电压为 220V，电流为 10A，便携充电装置理论上功率为 2.2kW，而在实际使用中充电功率一般来说只有 1.5kW。

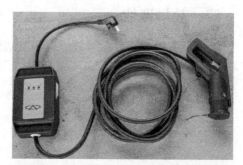

图 2-7 奇瑞 eQ 电动汽车便携充电装置

也就是说，使用便携充电装置为一辆北汽新能源 EV200 纯电动汽车（续驶里程 200km，电池容量 30.4kW·h）充满电需要 20h；为一辆比亚迪 e6 纯电动汽车（续驶里程 300km，电池容量 57kW·h）充满电需要近 40h。便携充电装置只是作为其他充电方式的一种补充，方便用户随时对车辆进行补电。

（2）家用充电桩

家用充电桩是最常见的一种充电装置。一般私人用户购买电动汽车都会附赠一个家用充电桩。当然，只有充电桩是不够的，还需要有车位并且物业同意安装才行。

在充电速度方面，由于每个厂商提供的充电桩规格都不一样，所以充电速度也不尽相同。宝马 i3 所配备的充电墙盒功率为 7.4kW；启辰晨风有 2 种家用充电桩，低配版的是 3.6kW，高配版的则是 6.6kW；腾势同样提供 2 种家用充电桩可供使用，功率分别为 10kW 和 20kW。不同型号的家用充电桩虽然输出功率有差异，但是都能保证一晚上将蓄电池充满，基本可以满足普通用户的用车需求。

(3) 公共充电桩

家用充电桩虽然不错，但还有很多用户由于没有固定车位或居住的小区无法安装家用充电桩，选择公共充电桩就成了唯一的选择。公共充电桩一般分为快充和慢充两种，前者使用直流对车辆充电，后者使用交流对车辆充电。

公共充电桩通常由国家电网、南方电网这类电力企业建设并维护经营。今后，随着电动汽车产业的成熟，将会有不少民营资本进入这一领域。

2. 车辆充电操作

(1) 北汽新能源 EV160 充电操作

以北汽新能源汽车为例，充电系统的快速充电和慢速充电插孔分别位于车辆前格栅标志和车身左后方处，如图 2-8 所示。快充电插孔盖板开启时，直接摁住车辆前格栅标志右侧内平面即可开启；慢充电插孔盖板开启手柄位于驾驶人座椅左下方。

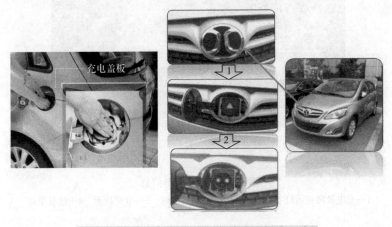

图 2-8 慢充电插孔（左）与快充电插孔（右）

新能源汽车动力电池充电时宜采用慢充（即车载充电）方式，电动汽车慢充系统是通过车载充电机完成动力电池的充电工作，如图 2-9 所示。

车载充电机是采用高频开关电源技术，主要功能是将交流 220V 的市电转换为高压直流电给动力电池进行充电，保证车辆正常行驶。车载充电机由电池管理系统（BMS）智能控制充电，无须人工看守。电池管理系统随时监测电池的工作状态，当电池电芯的温度在 0 ~ 55℃时才可以进行充电。车载充电机外表面设有相应的指示灯，可以根据指示灯的亮灭情况判断充电机的工作状态。

POWER：电源指示灯，当接通交流电后，电源指示灯亮起。

RUN：工作指示灯，当充电机接通电池进入充电状态后，充电指示灯亮起。

FAULT：警告指示灯，当充电机内部有故障或错误操作时亮起。

车辆进入充电状态后，组合仪表的行车电脑显示屏自动点亮，显示当前充电信息，10s 后屏幕熄灭。

1）充电桩充电操作流程：

① 车辆停放平稳，关闭点火开关并取下车钥匙，拉紧驻车制动器。

② 打开慢充或快充电插孔盖板。

③ 检查充电枪有无破损现象，然后连接充电枪。

④ 刷卡选择充电模式，观察仪表充电界面显示内容是否正常。

⑤ 充电完成后，先刷卡结算电费，然后取下充电枪。

2）充电状态说明：

① 仪表充电信息。图示中  点亮表示动力电池正在进行加热，此时动力电池外围会出现一层红色光晕。充电电流显示负值时，表示动力电池正在充电，显示正值时，表示动力电池正在放电。以北汽 EV160 为例，如图 2-10 所示。

图 2-9 车载充电机

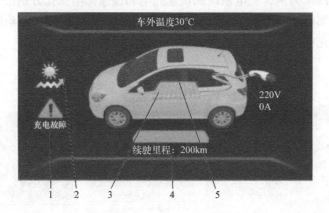

图 2-10 仪表充电信息

1—充电故障指示灯　2、5—动力电池正在加热　3—电量指示　4—续驶里程

② 充电已满。动力电池电量充满后，行车电脑显示屏自动点亮，蜂鸣器鸣叫，提示电量已经充满，10s 后屏幕熄灭。以北汽 EV160 为例，如图 2-11 所示。

图 2-11 充电已满

③ 充电故障。充电过程中车辆出现故障，行车电脑显示屏自动点亮，充电故障指示灯点亮，蜂鸣器鸣叫，提示10s后熄灭。此时应立刻联系4S店专业维修人员，切勿擅自对车辆进行拆卸。

（2）特斯拉充电操作

特斯拉充电插孔位于驾驶人侧后尾灯侧面，如图2-12所示。可以通过车内触摸屏或充电接头上面按钮打开充电盖板。充电口的打开有三种方式：操作中控大屏；长按遥控钥匙的尾部；如果是在特斯拉超级充电站，拿着充电枪靠近充电口，按一下充电枪上的按键，车身上的充电口也会自动打开。

图2-12 特斯拉充电插孔

特斯拉充电主要采用移动通用接头、高功率壁挂接头和直流快充三种方式。移动通过接头适用于家庭电源，可以随时随地进行车辆补充充电，如图2-13所示。

高功率壁挂充电接头最大输入电压为交流240V，最大功率20kW，最大充电电流为80A，配备双充电器的可以每小时充电续驶90km，如图2-14所示。

特斯拉电动汽车在车辆的充电插孔上设有充电指示灯，不同的颜色表示不同的充电状态。见表2-11。

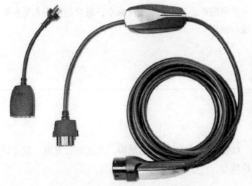 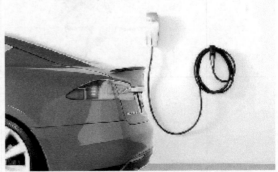

图2-13 特斯拉移动通用插头　　　　图2-14 特斯拉高功率壁挂充电接头

按照厂家要求，对车辆进行充电时必须关闭点火开关，但通常仪表会自动转换到当前充电信息显示界面，不同的车型仪表显示充电信息的内容和时长也各不相同。以特斯拉电动汽车为例，仪表显示的当前充电信息有充电率、充电后的增加里程、车辆可续驶里程、充电时间、充电电压以及充电电流等内容，如图 2-15 所示。

表 2-11 特斯拉充电状态说明

序号	充电指示灯	充电状态说明
1	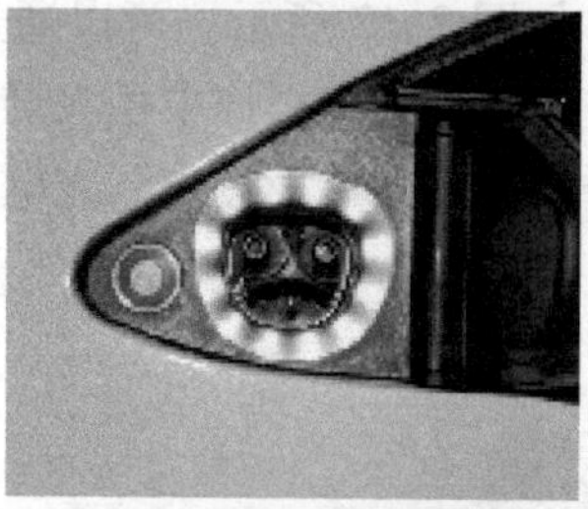	白色，说明按下充电接口已准备就绪，但是还没有充电
2	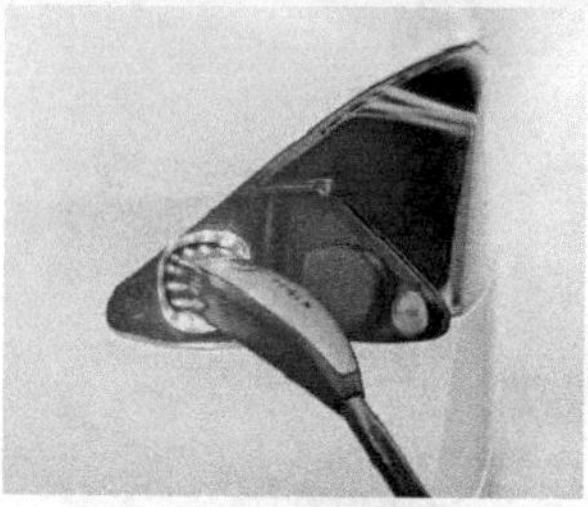	蓝色，说明已接收到充电信号，充电接口锁止
3	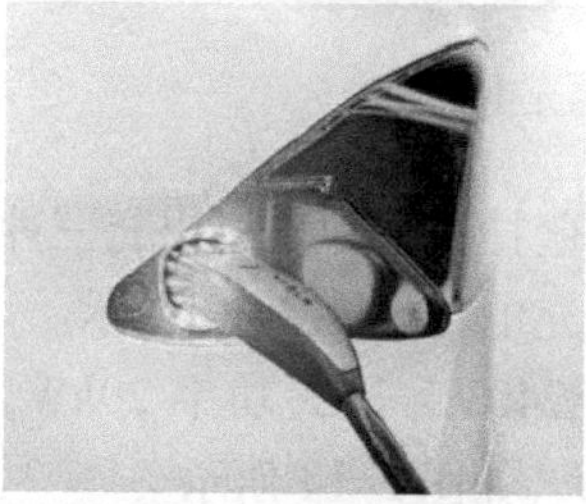	绿色，闪烁表示正在充电，不闪烁表示充电完成
4	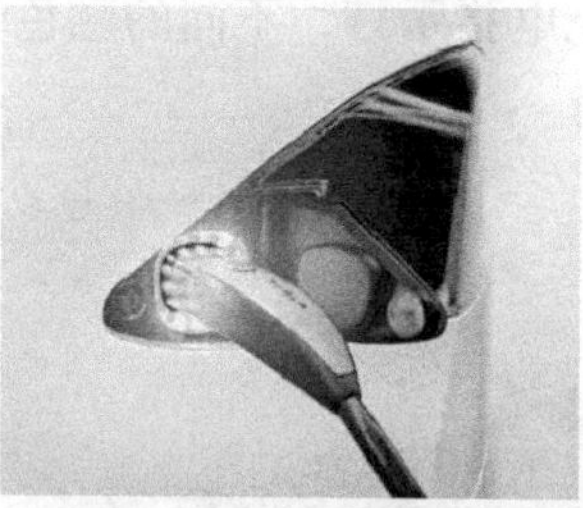	黄色闪烁，表示充电电流减小，通常是由于充电接头没有锁住
5	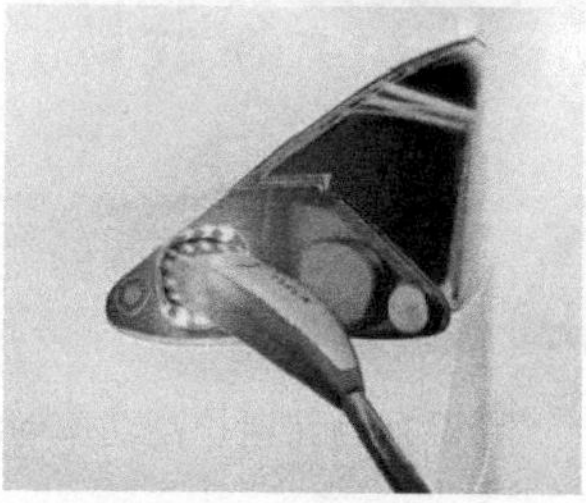	红色，说明充电系统有故障，无法进行充电，应立即检修

图 2-15 特斯拉充电信息仪表显示

二、任务实施

1. 实施准备

（1）实训物品准备

1）新能源汽车整车。

2）车辆防护用品三件套。

3）高压安全用电警示牌。

4）家用充电桩。

5）警示隔离带。

（2）安全注意事项

1）任务实施场地拉设警示隔离带。

2）充电时关闭点火开关，车内严禁有人，将车门落锁。

3）车辆充电过程中禁止插拔充电枪。

4）充电操作时必须保持皮肤干燥。

5）雷雨天气时禁止在室外进行充电，室内也需尽量避免充电操作。

2. 实施内容

1）电动汽车充电操作。

2）车辆充电信息识读。

3. 实施记录

任务实施记录单见表 2-12。

表 2-12 任务实施记录单

序号	充电状态	内容说明		
1	充电机指示灯			
2	充电桩显示屏	充电电流：	充电时间：	充电费用：
3	仪表充电显示	充电电流：	充电电压：	续驶里程：

三、任务检验

1. 自检

参与实训练习的学员自我完成质量检验。

2. 互检

由完成相同实操练习项目的学员相互进行质量检验。

3. 终检

由专职质量管理人员（教师）进行专业检查。

4. 教学评估

由教师依据教学目标对教学过程及结果进行价值判断。

复 习 题

一、填空题

1. 在电动汽车安全标准中，对于（　　）电压，不需要进行触电防护。
2. 能够引起人感觉到的最小电流值称为（　　），交流为1mA，直流为5mA。
3. 在有防止触电保护装置的情况下，人体允许通过的电流一般为（　　）。
4. 触电急救是先要使触电者迅速（　　）。
5. （　　）是触电者心脏停止跳动后使心脏恢复跳动的急救方法。
6. 绝缘帽是指具备电绝缘性能要求的安全帽，在帽子上会有（　　）的字母标记。
7. 为了避免人身伤害，在新能源汽车上所有的动力电缆均为（　　），用统一颜色进行标记。
8. 电动汽车充电装置总体上可分为（　　）和（　　）两种。

二、判断题

（　　）1. 新能源汽车的动力电池通常是用低电压电池进行串联而成，以获得200～500V以上的高电压。

（　　）2. 在维修电动汽车的过程中必须做好对高压电的安全防护。

（　　）3. 对于任何B级电压电路中的带电部件，都应该为电路的接触人员提供安全防护。

（　　）4. 当人体电阻一定时，人体接触的电压越高，通过人体的电流就越大，对人体的损害也就越严重。

（　　）5. 在做人工呼吸之前，首先要检查触电者口腔内有无异物，呼吸道是否堵塞，特别要注意清理喉头部分有无痰堵塞。

（　　）6. 绝缘鞋是辅助安全用品，适用于交流50Hz、1000V以下或直流1500V以下的电力设备检修工作。

（　　）7. 在维修新能源汽车前，必须确认点火开关处于LOCK位，并断开低压蓄电池负极。

（　　）8. 非车载充电装置即地面充电装置，也就是通常所说的充电桩。

（　　）9. 便携充电是指使用随车附带的便携充电线连接到普通家用插座上进行充电，只要能找到普通家用插座就可以充电。

（　　）10. 电池管理系统随时监测电池的工作状态，当电池电芯的温度在0~55℃时才可以进行充电。

项目三 动力电池与管理系统

任务一 蓄电池基础知识

【情境导入】

某品牌动力电池制造商在给新入职的员工进行技术培训。

张同学：新能源汽车上装配的动力电池都一样吗？

王老师：新能源汽车的关键技术之一就是动力电池，动力电池的好坏一方面决定着电动汽车的制造成本，另一方面也决定着电动汽车的动力性和续驶里程。不同品牌、不同用途、不同价位的新能源汽车上所采用的动力电池也各不相同。

【学习目标】

1. 了解蓄电池分类与原理。
2. 了解蓄电池的型号及其含义。
3. 熟悉新能源汽车动力电池的常用术语。

一、相关知识

蓄电池通常简称电池，是将化学能转化成电能的一种装置。电池内部的电化学特性决定了该电池是否可以充电。可充电电池内部结构之间所发生的化学反应是可逆的，也叫二次电池，新能源汽车上的动力电池均为二次电池。一次电池只能作为一次放电使用，例如日常生活中使用的干电池，内部结构简单且不支持这种变化。

1. 镍氢电池

斯坦福·沃弗辛斯基是美国著名科学家、发明家，被誉为"太阳能光伏之父"，毕生拥有近400项专利，在他50年的工作生涯中，最著名的发明包括薄膜光电、太阳能电池板、光电制造器、镍氢电池和能够在汽车中安全储氢的固体氢燃料储存技术等。

在斯坦福所有的发明中，最优秀的是镍氢反应电池。这是一款可用来为混合动力汽车充电的便携电池，同时它也非常环保。镍氢电池现在主要应用于混合动力汽车，2011年在HEV市场占56%，零售市场（包括遥控车、玩具、家用电器、数码摄像机）占24%，无绳电话占11%，其他市场为9%。镍氢电池主要由中国和日本企业生产，占全球产量的95%以上。

镍氢电池的诞生应该归功于储氢合金的发现。早在20世纪60年代末，人们就发现了一种新型功能材料——储氢合金，储氢合金在一定的温度和压力条件下可吸放大量的氢，因此被人们形象地称为"吸氢海绵"。其中有些储氢合金可以在强碱性电解质溶液中，反复充放电并长期稳定存在，从而为我们提供了一种新型负极材料，并在此基础上发明了镍氢电池。镍氢电池是20世纪90年代发展起来的一种新型绿色电池，具有高能量、长寿命、无污染等特点，因而成为世界各国竞相发展的高科技产品之一。

储氢合金的主要来源是稀土，中国的稀土资源占世界总储量的70%以上，发展镍氢电池具有得天独厚的优势。因此中国镍氢电池的研制与开发，受到国家863计划的大力支持，被列为"重中之重"的项目。在863计划的支持下，科研人员攻克了储氢合金制备等关键技术，取得了一大批创新性成果。

（1）镍氢电池结构

镍氢电池由氢离子和金属镍合成，电量储备比镍镉电池多30%，密度比镍镉电池小，使用寿命也更长，并且对环境无污染。镍氢电池的缺点是价格比镍镉电池要贵很多，性能比锂电池要差一些。

镍氢电池中的金属部分实际上是金属氢化物，用在镍氢电池的制造上，它们主要分为两大类。最常见的是AB5一类，A是稀土元素的混合物或者再加上钛Ti；B则是镍（Ni）、钴（Co）、锰（Mn），或者还有铝（Al）。另一类高容量电池含多种成分的电极主要由AB2构成，A则是钛（Ti）或钒（V），B则是锆（Zr）或镍（Ni），再加上一些铬（Cr）、钴（Co）、铁（Fe）和锰（Mn）。所有这些化合物扮演的都是相同的角色，可形成金属氢化物。镍氢电池结构如图3-1所示。

（2）镍氢电池工作原理

镍氢电池是一种碱性电池，负极

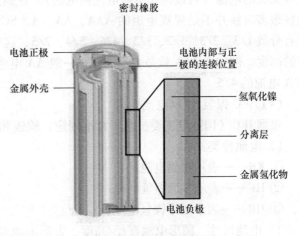

图3-1 镍氢电池结构

采用由储氢材料作为活性物质的氢化物电极，正极采用氢氧化镍即镍电极，电解质为氢氧化钾溶液。电池充电时氢氧化钾电解液中的氢离子会被释放出来，由这些化合物将它吸收，避免形成氢气，以保持电池内部的压力和体积。当电池放电时，这些氢离子便会经由相反的过程而回到原来的地方。

镍镉/镍氢电池的充电过程非常相似，都要求恒流充电，以防止电池过充电。充电器对电池进行恒流充电，同时检测电池的电压和其他参数。为避免损坏电池，电池温度过低时不可快速充电，当电池温度低于10℃时，应转入涓流充电方式。当电池温度达到规定数值后，必须立即停止充电。

（3）镍氢电池型号

通常在电池体上看到的AAA、AA、C、D、N、F、SC等字母都是美规型号标识。在我国除了几种电池按号称呼之外，其他还是采用美国的命名方式。此外，针对二次锂电池的型号表示方法是采用五位数（圆柱形）或六位数（方形），如14500、103450等。常见电池型号、尺寸对照见表3-1。

表3-1 常见电池型号、尺寸对照

序号	美国型号	中国型号	尺寸（平头）
1	AAAA	AAAA	高度（41.5±0.5）mm，直径（8.1±0.2）mm
2	AAA	7号	高度（43.6±0.5）mm，直径（10.1±0.2）mm
3	AA	5号	高度（48.0±0.5）mm，直径（14.1±0.2）mm
4	A	A	高度（49.0±0.5）mm，直径（16.8±0.2）mm
5	SC	SC	高度（42.0±0.5）mm，直径（22.1±0.2）mm
6	C	2号	高度（49.5±0.5）mm，直径（25.3±0.2）mm
7	D	1号	高度（59.0±0.5）mm，直径（32.3±0.2）mm
8	N	N	高度（28.5±0.5）mm，直径（11.7±0.2）mm
9	F	F	高度（89.0±0.5）mm，直径（32.3±0.2）mm

平头电池的正极是平的，没有突起，主要适用于做电池组点焊使用的电池芯。一般同等型号尖头的电池（可以用作单体电池供电的），在高度上就多了0.5mm，以此类推。有的电池在很多时候并不是规规矩矩的AAA、AA、A、SC、C、D、N、F这些主型号，前面还时常有分数1/3、2/3、1/2、3/2、4/5、5/4、7/5，这些分数表示的是电池体与标准型号相对应的高度。例如2/3AA就是表示高度是一般AA电池的2/3；再如4/5A就是表示高度是一般A电池的4/5。

（4）IEC镍氢/镍镉电池标识

根据IEC（国际电工委员会）标准规定，镍镉和镍氢电池标志由5部分组成。

1）电池种类：

① KR——表示镍镉电池；

② HF——表示方形镍氢电池；

③ HR——表示圆形镍氢电池。

2）电池尺寸：圆形电池直径/高度，方形电池高度/宽度/厚度，数值之间用斜杠隔开，单位为mm。

3）放电特性符号：

① L——表示适宜放电电流倍率为0.5C以内；

② M——表示适宜放电电流倍率为0.5~3.5C；

③ H——表示适宜放电电流倍率为3.5~7.0C；

④ X——表示电池能在7~15C高倍率的放电电流下工作。

4）高温电池符号用T表示。

5）电池连接片表示：

① CF——代表无连接片；

② HH——表示电池带串联连接片；

③ HB——表示电池带并联连接片。

例如：HF18/07/49——表示方形镍氢电池、宽度为18mm、厚度为7mm、高度为49mm；KRMT33/62HH——表示镍镉电池、放电电流倍率为0.5~3.5C、高温系列单体电池、无连接片、直径为33mm、高度为62mm。

(5) BYD 镍氢/镍铬电池标志

BYD 镍氢/镍铬电池标志通常也由 5 部分组成。

1) 电池类型：

① D——代表镍铬电池；

② H——代表镍氢电池。

2) 电池型号分别为 A、AA、AAA、AAAA、SC、C、D、N 等多种型号。

3) 电池标称容量。

4) 电池特性：

① A——代表尖头电池；

② B——代表平头电池；

③ H——代表高温电池；

④ P——代表可用于大电流放电。

5) 代表组合电池的单体个数。

例如：D AA 800 H ×5；H SC 2200 P ×3；D AA 800 B ×3。

(6) 镍氢电池应用特性

大功率镍氢电池广泛用于油电混合动力汽车，最具代表性的例子就是丰田 Prius，该车使用了特别的充放电程序，使电池充放电寿命可足够车辆使用 10 年。虽然密度比锂离子电池低，但由于对安全保护、温度控制等要求更低，因此仍然有部分纯电动汽车使用镍氢电池。

就单体电池电压来看，镍氢与镍镉电池的标称电压都是 1.2V，而锂电池标称电压为 3.6V。镍氢电池应用特性见表 3-2。

表 3-2　镍氢电池应用特性

序号	应用特性
1	质量比功率高。目前商业化的镍氢功率型电池能达到 1350W·h/kg
2	循环次数多。目前应用在电动车上的镍氢动力电池，80% 放电深度（DOD）循环可达 1000 次，为铅酸电池的 3 倍以上。100% DOD 循环寿命也在 500 次以上，在混合动力汽车中可使用 5 年以上
3	无污染，不含铅、镉等对人体有害的金属，为 21 世纪绿色环保电源
4	耐过充过放，无记忆效应
5	使用温度范围宽，正常使用温度范围为 -30~55℃，贮存温度范围为 -40~70℃
6	安全、可靠，在短路、挤压、针刺、安全阀工作能力、跌落、加热、耐振动等安全性和可靠性试验中无爆炸、燃烧现象

2. 锂离子电池

(1) 锂离子电池结构

锂离子电池主要由电芯和保护板两大模块组成。电芯相当于锂电池的心脏，管理系统相当于锂电池的大脑。电芯主要由正极材料、负极材料、电解液、隔膜和外壳组成。保护板主要由保护芯片或管理芯片、MOS 场效应管、电阻、电容和印制电路板等元件组成。

锂离子电池的封装形式主要有圆柱形、方形和软包。

圆柱形锂离子电池分为磷酸铁锂、钴酸锂、锰酸锂、钴锰混合、三元材料不同体系，外壳分为钢壳和聚合物两种，不同材料体系电池有不同的优点。目前，圆柱主要以钢壳圆柱磷酸铁锂电池和三元材料为主，常见型号有 14650、17490、18650、21700、26650 等。

圆柱形锂离子电池结构包括正极盖、安全阀、PTC 元件、电流切断机构、垫圈、正极、负极、隔离膜、壳体，内部采用螺旋绕制结构，用一种非常精细而渗透性很强的聚乙烯、聚丙烯或聚乙烯与聚丙烯复合的薄膜隔离材料在正、负极间间隔而成，如图 3-2 所示。

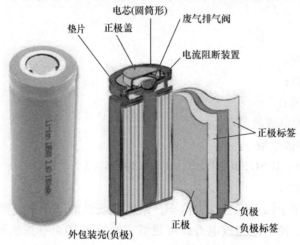

图 3-2　圆柱形锂离子电池结构

方形锂离子电池通常是指铝壳或钢壳方形电池，内部主要通过叠片这种形式，即在一正极上放置隔膜然后是负极，以此类推，叠加而成。电池内部充有电解质溶液，另外还设有安全阀和 PTC 元件（正温度系数热敏电阻），以便电池在不正常状态或输出端短路时保护电池不受损坏，如图 3-3 所示。

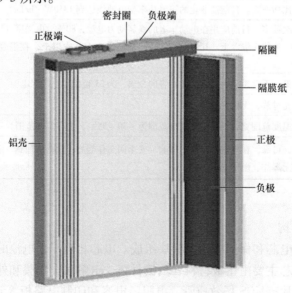

图 3-3　方形锂离子电池结构

软包锂离子电池（图 3-4）是液态锂离子电池套上一层聚合物外壳，与其他电池最大的不同之处在于软包装材料（铝塑复合膜），这也是软包锂离子电池中最关键、技术难度最高的材料。软包装材料通常分为三层，即外阻层（一般为尼龙 BOPA 或 PET 构成的外层保护层）、阻透层（中间层铝箔）和内层（多功能高阻隔层）。三元软包锂离子电池容量比同等尺寸规格的钢壳锂电池高 10%～15%、比铝壳电池高 5%～10%，而质量却比同等容量规格的钢壳电池和铝壳电池更轻，因此补贴新政对三元软包锂离子电池更有利。

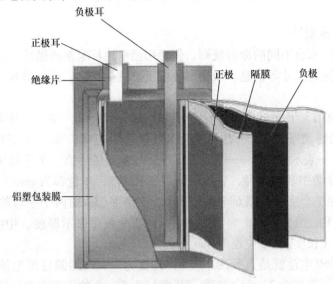

图 3-4 软包锂离子电池结构

锂离子电池正极应用材料和制作工艺不同，其性能参数也存在一定的差异。锂离子电池性能参数对比见表 3-3。其中，钴酸锂电池由于稳定性较差，价格较高，很少用作动力电池。

表 3-3 锂离子电池性能参数对比

序号	性能参数	钴酸锂	三元锂	锰酸锂	磷酸铁锂
1	电压平台	3.7V	3.7V	3.8V	3.2V
2	最高电压	4.2V	4.2V	4.2V	3.7V
3	最低电压	2.6V	3.0V	2.5V	2.65V
4	循环寿命	>300 次	>800 次	>500 次	>2000 次
5	环保性能	含钴	含钴、镍	无毒	无毒
6	安全性能	差	较好	良好	优秀
7	适用领域	小电池	小电池、小型动力电池	动力电池	动力电池、超大容量电源

（2）锂离子电池工作原理

当锂离子电池充电时，在外加电场的影响下，正极材料分子里面的锂元素被氧化脱离出来，变成带正电荷的锂离子，在电场力的作用下从正极移动到负极，锂离子迁移并以原子形式嵌入电极材料碳中，与负极的碳原子发生化学反应。从正极出来的锂离子嵌入到负极的石墨层状结构当中，从正极出来转移到负极的锂离子越多，这个电池可以存储的能量就越多。

放电时刚好相反，内部电场转向，锂离子从负极脱离出来，顺着电场的方向又回到正极，重新变成钴酸锂分子。从负极出来转移到正极的锂离子越多，电池可以释放的能量就越多。

在每一次充放电循环过程中，锂离子充当电能的搬运载体，周而复始地从正极→负极→正极来回移动，与正、负极材料发生化学反应，将化学能和电能相互转换，实现了电荷的转移。锂离子电池就是因锂离子在充放电时来回迁移而命名的，所以锂离子电池又称作摇椅电池。

（3）锂离子电池型号

不同的锂电池厂家有不同的命名规则，但通用型电池厂家都遵循统一的标准，根据电池名称就可以知道电池的尺寸等信息。根据国际电工委员会规定，圆柱形和方形电池的型号规则如下：

1）圆柱形电池用 3 个字母后跟 5 个数字表示。3 个字母，第一个字母表示负极材料，I——表示有内置的锂离子，L——表示锂金属或锂合金电极；第二个字母表示正极材料，C——表示钴，N——表示镍，M——表示锰，V——表示钒；第三个字母为 R 表示圆柱形。5 个数字中，前 2 个数字表示直径，后 3 个数字表示高度，单位都为 mm。

2）方形电池用 3 个字母后跟 6 个数字表示。3 个字母，前两个字母的意义和圆柱形一样，后一个字母为 P 表示为方形。6 个数字中，前 2 个数字表示厚度，中间 2 个表示宽度，后面 2 个表示高度（长度），单位也为 mm。

例如：ICR 18650 电池就是直径为 18mm，高度为 65mm 的圆柱形电池；ICP 053353 电池就是厚度为 5mm，宽度为 33mm，高度（长度）为 53mm 的方形电池。锂离子电池实物如图 3-5 所示。

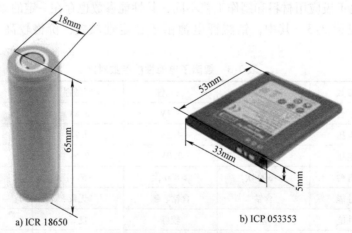

a) ICR 18650　　　　b) ICP 053353

图 3-5　锂离子电池实物

（4）锂离子电池应用特性

1）电压高。锂离子电池单体电压由于使用的正极材料不同，其额定电压也有所不同，最高可达 3.8V。锂离子电池电压是镍镉、镍氢电池的 3 倍，约是铅酸电池的 2 倍，这也是锂离子动力电池比能量高的一个重要原因。

组成相同电压的动力电池组时，锂离子动力电池使用的串联数目会大大少于铅酸电池和镍氢电池。动力电池中单体电池数量越多，电池组中单体电池的一致性要求就越高，寿命就越不好控制。在实际使用过程中，电池组有故障，一般是其中一、两个单体电池出问题，然后导致整组电池出现问题。因此不难理解为什么 48V 的铅酸电池比 36V 的铅酸电池故障反馈要高，从这个角度来讲锂电池更适合于动力电池的使用。例如 36V 的锂电池组只需要 10 个单体电池即可；而 36V 铅酸电池则需要 18 个单体电池，即 3 个 12V 的电池组，而 12V 的铅酸电池又由 6 个单体电池组成。

2) 能量密度大。比能量大，高达 150W·h/kg，是镍氢电池的 2 倍，是铅酸电池的 4 倍。因此质量是相同能量铅酸电池的 1/3 ~ 1/4。从这个角度讲，锂电池消耗的资源就少，而且锰酸锂电池中所使用到的元素储量也比较多。体积小，能量密度高达 400W·h/L，体积是相同能量铅酸电池的 1/2 ~ 1/3。这就提供了更合理的结构和更美观的外形设计条件、设计空间。

3) 寿命长。锂离子电池的循环次数可达 1 000 ~ 3 000 次。以容量保持在 70% 计算，电池组 100% 充放电循环次数可以达到 2 000 次，使用年限可达 5 ~ 8 年，寿命为铅酸电池 2 ~ 3 倍。随着技术的革新，电池寿命会越来越长，性价比会越来越高。

4) 应用范围宽。低温性能好，锂离子动力电池可在 -40 ~ +55℃ 之间工作。而水溶液电池（比如铅酸电池、镍氢电池）在低温时，由于电解液流动性变差会导致性能大大降低。

5) 无记忆。每次充电前不需要放电，可以随时随地进行充电。电池充放电深度对电池寿命影响不大，可以全充全放。

6) 无污染。锂离子动力电池中不存在有毒物质，因此被称为绿色电池，是国家重点扶持项目。而铅酸电池和镉镍电池由于存在有害物质铅和镉，国家必然会加强监管和治理，相应企业的成本也会增加。虽然锂电池没有污染，但从节约资源的角度考虑，锂离子动力电池回收、回收中的安全性以及回收成本也都需要综合考虑。

7) 安全隐患。由于锂离子动力电池能量高，材料稳定性较差，容易出现安全问题。2013 年世界上知名的手机和笔记本电脑电池（正极材料为钴酸锂和三元材料）生产企业，日本三洋、索尼等公司要求电池的爆喷率控制在 4×10^{-8} 以下，国内公司能达到 10^{-6} 级别就已经不错了。

8) 价格高。相同电压和相同容量的锂离子动力电池价格是铅酸电池的 3 ~ 4 倍。随着锂离子动力电池市场的扩大、成本的降低、性能的提高，以及铅酸电池价格的提高，锂离子动力电池的性价比是有可能超过铅酸电池的。

3. 动力电池技术参数

新能源汽车动力电池是确保车辆能够正常工作的基础，因此动力电池性能好坏显得尤其重要。国标针对电动汽车动力电池系统建立了一系列的相关标准，范围覆盖电芯、模组、动力电池包和动力电池管理系统。涉及的产品类型包括混合动力汽车、插电式/增程式混合动力汽车、纯电动乘用车和商用车，基本构成一个完整的体系。常用动力电池主要技术参数如图 3-6 所示。

（1）额定电压

动力电池额定电压又称标称电压，额定电压 = 单体电芯额定电压 × 单体电芯串联数。动力电池实际工作电压是随着不同使用条件而不断变化的，其电压状态主要有以下 4 种：

1) 开路电压。开路电压是指电池在没有连接外电路或负载时的电压。开路电压与电池剩余能量有一定的联系，剩余电量显示利用的就是这个原理。

项目	SK–30.4kW·h	PPST–25.6kW·h
零部件号	E00008302	E00008417
额定电压	332V	320V
电芯容量	91.5A·h	80A·h
额定能量	30.4kW·h	25.6kW·h
连接方式	3P91S	1P100S
电池系统供应商	BESK	PPST
电芯供应商	SKI	ATL
BMS供应商	SK innovation	E-power
总质量	291kg	295kg
总体积	240L	240L
工作电压范围	250~382V	250~365V
能量密度	104W·h/kg	86W·h/kg
体积比能量	127W·h/L	107W·h/L

图3-6 常用动力电池主要技术参数

2）工作电压。工作电压是指电池在工作状态下，即电路中有电流通过时，电池正负极之间的电势差。在电池放电工作状态下，当电流流过电池内部时，必须克服内阻，因此工作电压总是低于开路电压。

3）放电截至电压。放电截至电压是指电池充满电后进行放电，放完电时达到的电压。若此时继续放电则为过度放电，对电池的使用寿命和性能有很大的损伤。

4）充电限制电压。充电限制电压是指充电过程中由恒流变为恒压充电的电压。

（2）电芯容量

电芯容量是指动力电池所能够储存的电量，是衡量电池性能的重要指标之一。动力电池电芯容量 = 单体电芯容量 × 单体电芯并联数量。电芯容量是由电池电极活性物质决定的，主要取决于活性物质的数量、质量以及活性物质的利用率。

容量用 C 表示，单位用 A·h 或 mA·h 表示。

公式：$C = It$，即电芯容量 C（A·h）= 放电电流 I（A）× 放电时间 t（h）。

（3）额定能量

动力电池额定能量是衡量电池性能的重要指标之一，单位为 kW·h。动力电池额定能量 = 动力电池额定电压 × 动力电池容量。

额定能量是汽车厂商公布的电池储备电量大小的度量单位。1kW·h 的物理意义是功率为 1kW 的电器工作 1h 所消耗的电能。对于日常生活中来说，1kW·h 即 1 度电。

（4）连接方式

3P91S：3 并 91 串，表示由 3 个单体电池并联成一组，共有 91 组串联在一起。

1P100S：1 并 100 串，表示由 100 个单体电池串联而成。

（5）能量密度

能量密度是指电池单位体积或单位质量所释放出来的能量，通常用体积能量密度（W·h/L）和质量能量密度（W·h/kg）表示。常见电池能量密度对比见表3-4。

表 3-4 常见电池能量密度对比

电池类别	铅酸电池	镍镉电池	镍氢电池	锂电池
质量能量密度/(W·h/kg)	30~50	50~60	60~70	130~150
体积能量密度/(W·h/L)	50~80	130~150	190~200	350~400

(6) 电池内阻

电池内阻是指蓄电池在工作时，电流流过电池内部所受到的阻力，它包括欧姆内阻和极化内阻。欧姆内阻主要是由电极材料、电解液、隔膜电阻及各部分零件的接触电阻组成，与电池的尺寸、结构和装配等因素有关。

电池内阻不是常数，在充放电过程中随时间不断变化。这是因为活性物质的组成，电解液的浓度和温度都在不断地改变，不同类型的电池内阻不同。即便是相同类型的电池，由于内部化学特性不一致，内阻也不一样。电池内阻很小，一般用 mΩ 来衡量它。内阻是电池性能的重要技术指标之一，正常情况下，内阻小的电池大电流放电能力强，内阻大的电池放电能力弱。

(7) 剩余电量

剩余电量是指动力电池内部的可用电量占标称容量的比例，是电池管理系统中的一个重要监控数据，电池管理系统根据 SOC State-Of-Charge 值控制电池的工作状态。

(8) 充放电倍率

充放电倍率用来表示电池充放电时电流大小的比率，即倍率。

充放电倍率 = 充放电电流/额定容量。例如：额定容量为 100A·h 的电池用 20A 放电时，其放电倍率为 0.2C。电池放电倍率的 1C、2C、0.2C 是指电池的放电速率，表示放电快慢的一种量度。所有的容量 1h 放电完毕，称为 1C 放电；5h 放电完毕，则称为 1/5 = 0.2C 放电；对于 24A·h 电池来说，2C 放电电流为 48A，0.5C 放电电流为 12A。

(9) 放电深度 DOD

在电池的使用过程中，电池放出的容量占其额定容量的百分比称为放电深度（DOD）。放电深度的高低和二次电池的充电寿命有很大的关系。当二次电池的放电深度越深，其充电寿命就越短，会导致电池的使用寿命变短，因此在使用时应尽量避免深度放电。

(10) 电池供应商

新能源汽车动力电池种类繁多，供应商也各不相同。以北汽新能源纯电动乘用车配套电池为例，其配套信息见表 3-5。

表 3-5 新能源汽车电池配套信息

车辆型号	电池类型	电池容量/(kW·h)	续驶里程/km	供货商
E150EV	磷酸铁锂	25.6	150	普莱德/光宇
EV160	磷酸铁锂	25.6	150	普莱德
EV200	三元镍钴锰酸锂	30.4	200	爱思开
ES210	三元锂	38	210	爱思开
EU260	三元锂	41.4	260	普莱德/宁德时代
EX200	三元锂	30.4	200	爱思开
EX260	三元锂	38.6	260	孚能科技
EC180	三元锂	20.3	180	国轩高科

从北汽新能源相关车型的变迁来看，在北汽新能源的纯电动乘用车中，只有 2014 年早

期的两款车型采用磷酸铁锂电池,自 2014 年 12 月之后推出的其余 8 款车型均采用三元电池。在目前更看重纯电动乘用车续驶里程的情况下,磷酸铁锂电池因能量密度低,体积较大,已经在乘用车领域逐步被三元电池所取代。三元锂电池以其能量密度高,体积较小等优点成为北汽新能源纯电动乘用车的黄金搭档。同样在业界以搭载磷酸铁锂电池为代表的比亚迪,在电动乘用车方面近两年也在向三元锂电池体系靠拢。可见,在没有更好的电池技术出现之前,三元锂电池已成为当下多数车企在纯电动乘用车上的主要选项。

二、任务实施

1. 实施准备

(1) 实训物品准备

1) 镍氢电池单体。

2) 锂离子电池单体。

(2) 安全注意事项

1) 禁止随意分解各种蓄电池。

2) 任务实施场地明亮整洁、通风良好。

3) 禁止携带钥匙、手表、首饰等物品进行任务实施。

4) 佩戴安全防护用品,避免电解液溅入眼内或接触皮肤。

2. 实施内容

1) 镍氢电池型号识别。

2) 锂离子电池型号识别。

3) 特斯拉动力电池参数比较,见表 3-6。

表 3-6 特斯拉动力电池参数比较

电池型号	规格 /(mm×mm)	电池单体容量 /(mA·h)	电池单体质量 /g	电池系统能量密度 /(W·h/kg)	电池系统成本 /(元/W·h)
18650					
21700					

3. 实施记录

任务实施记录单,见表 3-7。

表 3-7 任务实施记录单

序号	项目名称	内容说明
1	镍氢电池型号识别	
2	锂离子电池型号识别	

三、任务检验

1. 自检

参与实训练习的学员自我完成质量检验。

2. 互检

由完成相同实操练习项目的学员相互进行质量检验。

3. 终检
由专职质量管理人员（教师）进行专业检查。

四、教学评估
由教师依据教学目标对教学过程及结果进行价值判断。

任务二　动力电池与管理系统认知

情境导入

赵经理开着自己的新能源汽车到4S店进行检修。

赵经理：感觉这辆车最近续驶里程下降了很多，请师傅帮忙检修一下。

技师王：新能源电动汽车的续驶里程是广大车主非常关心的问题。影响汽车续驶里程的主要原因除了常见的车辆行驶路况、车辆负载以外，还有动力电池性能、辅助系统能量消耗、环境温度等因素。

学习目标

1. 了解动力电池系统的基本结构。
2. 了解动力电池管理系统的功能。
3. 能够分析动力电池系统的运行数据。

一、相关知识

1. 动力电池系统基本组成

在新能源汽车中，动力电池与管理系统、驱动电机及控制系统、整车控制器是三个最重要的核心部件，即通常所说的"三大电"。电控空调系统、电控转向系统、电控制动系统是新能源汽车的三个主要辅助系统，即"三小电"。这6个电气系统作为新能源汽车的关键部件，对整车的动力性、经济性、可靠性和安全性起着决定性的作用。

电动汽车动力电池系统主要包括动力电池储能系统、动力电池管理系统和动力电池充电系统三大部分。动力电池是新能源汽车的核心，为整车提供驱动车辆行驶的电能。动力电池系统的很多零部件通常集成在一个密闭的箱体内,叫作动力电池箱或电池包,安装在车身底部的前后桥与两侧纵梁之间,北汽 EV160 动力电池箱体如图 3-7 所示。将动力电池安装在该位置具有较高的碰撞安全性,还可以降低车辆的重心,简化车身结构。

特斯拉主要采用的是 ICR 18650 型三元锂离子电池,这种电池曾一直用于笔记本电脑、数码相机等电子产品中。

特斯拉 Model S 的电池总成质量大约为 900kg,上面标示着 85kW·h。电池箱体由 16 个电池模组组成,每个电池模组里面有 444 节锂电池,其中每 74 节串联到一起,所以整个电池箱体是由 7104 节 18650 型锂电池组成。电池箱体位于车辆底盘正下方,沉重的电池箱体所带来的低重心让特斯拉行驶起来更加稳定,坚硬的电池箱体外壳也给车辆的驾乘人员增加了一层保护措施。特斯拉动力电池箱体如图 3-8 所示。

图 3-7 北汽 EV160 动力电池箱体

图 3-8 特斯拉动力电池箱体

(1) 动力电池箱

动力电池箱主要包括动力电池模组、电池管理系统、辅助元器件以及动力电池箱体等部件。动力电池箱内部结构如图 3-9 所示。

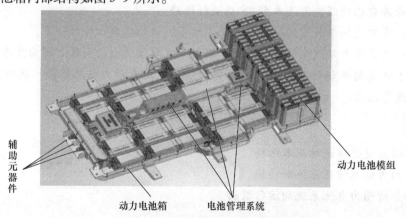
图 3-9 动力电池箱内部结构

动力电池箱是用来支撑、固定和包围动力电池系统组件,具有承载保护动力电池模组及电气元件的作用。新能源汽车的电池箱体大都是通过螺栓固定在车身底板下方,其防护等级为 IP67。当进行整车维护时,需观察电池箱体螺栓是否有松动,箱体是否有破损变形,密封法兰是否完整。电池箱体表面不得有划痕、尖角、毛刺、焊缝及剩余油迹等外观缺陷。

1) 北汽 EV160 动力电池内部结构如图 3-10 所示。

2) 比亚迪 e5 动力电池内部结构如图 3-11 所示。

图3-10 北汽EV160动力电池内部结构

图3-11 比亚迪e5动力电池内部结构

3) 长城WEY P8动力电池内部结构如图3-12所示。

(2) 电池单体

电池单体即电芯,是构成动力电池模组的最小单元。按正极材料来分,主要有钴酸锂、锰酸锂、磷酸铁锂以及镍钴锰酸锂三元材料等。常见的新能源汽车动力电池单体有圆柱形和长方体形,根据壳体材料不同,又有金属外壳和软包外壳等类型。电池单体如图3-13所示。

图3-12 长城WEY P8动力电池内部结构

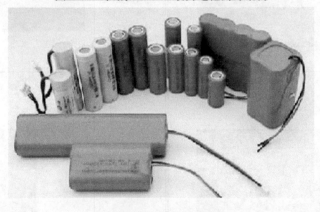

图3-13 电池单体

(3) 电池模组

由于电池单体的容量有限,要想达到车辆的使用要求,往往对若干个电池单体按照一定的规律进行组合,进而构成电池模组。

电池模组是指电池单体经过串联或并联的方式进行组合,并设置保护线路板及外壳后能够直接提供电能的组合体,如图 3-14 所示。电池模组的组合方法主要有先并后串、先串后并和混联三种,是组成动力电池系统的次级结构之一。

图 3-14　电池模组

(4) 辅助元器件

动力电池箱内的辅助元器件按照作用分类,主要有电子控制单元、继电器组件、信息采集元件、温度调节元件、保护装置以及高低压连接线束等部件。以北汽新能源 EV160 车型为例,动力电池箱内的辅助元器件见表 3-8。

表 3-8　动力电池箱内的辅助元器件

名称	图示	名称	图示
主控盒		从控盒	
高压盒		高压继电器	

(续)

名称	图示	名称	图示
维护插接器	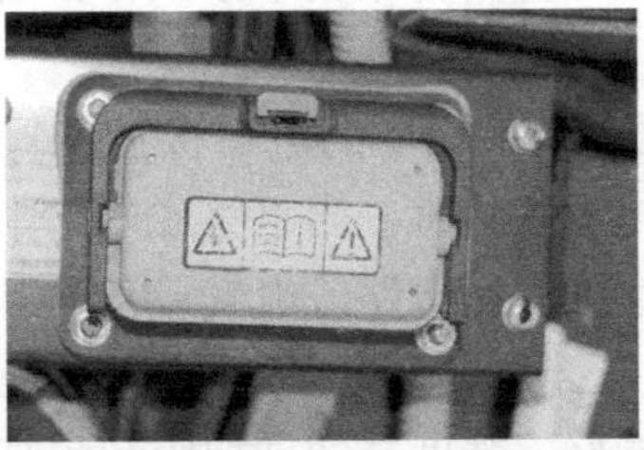	高压断路器	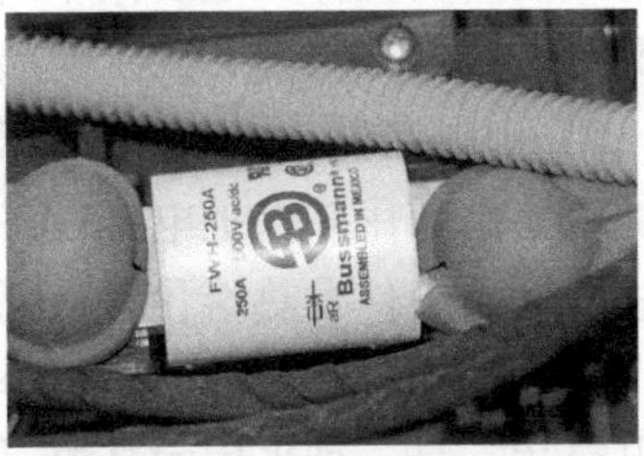
电加热膜		温度传感器	
预充电阻		加热断路器	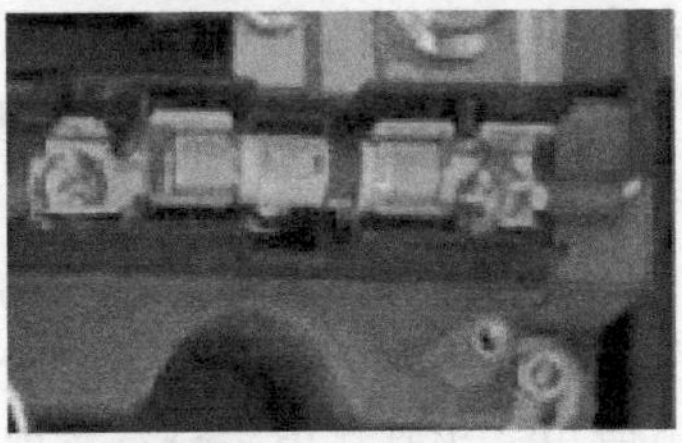
分流器		连接线束	

1）主控盒。主控盒是动力电池管理系统的控制中心，用来控制总正继电器、加热继电器以及预充继电器，还通过 CAN 总线与 VCU 进行通信。

2）从控盒。从控盒用来分别采集左右电池组的单体电压和模组温度，然后通过 CAN 总线将信息输送给主控盒。

3）高压盒。高压盒的主要作用是采集总电压、电流、监测高压绝缘情况等，然后通过 CAN 总线将信息传输给主控盒。

4）高压继电器。电池包内通常设有多个高压继电器，也叫断路器或继电器。电池管理系统要完成对继电器的驱动与状态检测，通过与整车控制器通信协调后进行控制。电池包内的继电器一般有总正、总负、预充以及加热继电器等。

5）维护插接器。维护插接器也叫维修开关或紧急开关，在特定时刻能够实现高压系统的电气隔离，是保证电动汽车高压电气安全的关键部件。在车辆维修或存在漏电危险等特殊情况时，使用维修开关人工切断高压电路。

6）高压断路器。高压断路器也叫高压熔断器，是最简单的电器保护装置。它串联在被保护电路中，用来保护电气设备免受过载和短路电流的损害。当电路或电路中的设备过载发生故障时，熔件发热熔化，从而迅速切断电路，达到保护电路或电气设备的目的。

7）电加热膜。动力电池的电加热膜外表为一层绝缘硅胶，因此又称硅胶电热膜或硅橡胶电热片，是一种采用耐高温、高导热、绝缘性能好、强度高的硅橡胶和耐高温的纤维增强材料以及金属发热膜电路集合而成的软性电加热膜元件。当加热电路工作时，通过电加热膜对动力电池进行加热。

8）温度传感器。电池的化学性能受环境的温度影响非常大，为了保证电池的使用性能必须使电池工作在合理的温度范围之内，温度传感器用来检测动力电池电芯温度。

9）预充电阻。对于高于60V的高压系统，其上电过程必须大于100ms。在上电过程中应该采用预充过程来缓解高压冲击，以提高整车的安全性能。

预充管理是新能源汽车必不可少的重要环节，主要作用是对驱动电机控制器的大电容进行充电和缩小高压系统电压差，以减少高压继电器在接触时产生的火花拉弧，降低冲击、增加安全性。预充电阻与预充继电器配合工作，共同完成车辆的预充电过程。

10）加热断路器。当动力电池的加热电流过大时，加热断路器会熔断，以保护加热系统零部件。

11）分流器。新能源汽车动力电池工作电流的测量方案主要有霍尔式电流传感器和电阻分流器两种。分流器是一个能够通过极大电流的电阻，其阻值是严格设计好的，串接在直流电路里。当高压电流过分流器时，分流器两端产生毫伏级直流电压差值信号，该信号输送给电池管理系统，用以计量该直流电路里的电流值。

12）连接线束。动力电池箱体内部连接线束主要分为高压线缆、低压线缆和CAN信号线。

2. 电池管理系统

电池管理系统（BMS）是保证动力电池正常使用、行车安全、数据采集和提高电池寿命的一种关键技术。它能提升动力电池的工作性能，预防个别单体电池早期损坏，有利于电动汽车的顺利运行，并具有保护和警告功能。电池管理系统相当于人的大脑，不仅要保证动力电池系统安全可靠的使用，还要充分发挥动力电池的性能并延长其使用寿命。电池管理系统作为动力电池和整车控制器（VCU）以及驾驶人沟通的桥梁，通过控制高压继电器的动作来控制动力电池的充放电，并向整车控制器上报动力电池系统的运行参数与故障信息。

电池管理系统是动力电池的核心部件，是集检测、控制与管理为一体的控制单元，主要由主控盒、从控盒、高压盒、温度调节装置以及信号采集单元等部件组成，如图3-15所示。

动力电池管理系统具体任务有电池状态估算、数据采集、温度管理、绝缘检测、安全管理、充放电管理、故障管理以及数据传输等项目。以北汽EV160为例，新能源汽车动力电池系统实车运行数据如图3-16和图3-17所示。

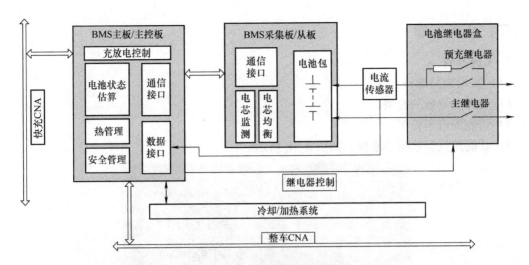

图 3-15　动力电池管理系统架构

名称	当前值	单位
动力电池内部总电压	326.20	V
动力电池充放电电流	0.00	A
动力电池外部总电压	326.20	V
整车状态机编码	30	
直流母线电压实际值	163.50	V
BMS自检计数器	3	
动力电池负端继电器当前状态	开启	
冷却风扇状态	开启	
动力电池正端继电器当前状态	关闭	
动力电池预充继电器当前状态	关闭	
正极对地绝缘电阻	2000	kΩ
负极对地绝缘电阻	2000	kΩ
动力电池允许最大充电电流	0.0	A
动力电池允许最高充电端电压	360.00	V
当前状态允许最大放电功率	70.00	kW
当前状态允许最大馈电功率	38.40	kW

例 >> EV160-2016款 >> 系统选择 >> 动力电池系统(BMS)(2017年4月1日以前生产) >> 数据流

图 3-16　动力电池系统实车运行数据（1）

名称	当前值	单位
动力电池SOC	26%	
动力电池可用容量	0.20	A·h
动力电池可用能量	0.06	kW·h
单体电芯最高电压	3.26	V
最高电压单体序号	35	
单体电芯最低电压	3.25	V
最低电压单体序号	83	
单体电芯最高温度	16	℃
最高温度单体序号	1	
单体电芯最低温度	15	℃
最低温度单体序号	3	
1号子板EEPROM故障状态	正常	
2号子板EEPROM故障状态	正常	
3号子板EEPROM故障状态	正常	
4号子板EEPROM故障状态	正常	
5号子板EEPROM故障状态	正常	

图 3-17　动力电池系统实车运行数据（2）

二、任务实施

1. 实施准备

（1）实训物品准备

1）动力电池解剖模型。

2）新能源汽车整车。

3）新能源汽车故障诊断仪，如图 3-18 所示。

图 3-18 故障诊断仪

4）车辆防护用品三件套。

5）高压安全用电警示牌。

6）警示隔离带。

（2）安全注意事项

1）任务实施场地拉设警示隔离带，并在车辆上放置高压危险警示牌。

2）严禁私自拆卸动力电池箱体内部任何零部件。

3）实训车辆禁止上路行驶，在车辆静止状态下读取动力电池系统数据。

4）严格采取安全防护措施，严禁用手直接触摸高压元器件。

5）不操作时，必须断开低压蓄电池负极，高压上电前必须告知所有参训人员。

2. 实施内容

1）动力电动箱体内部零部件认知与作用说明。

2）动力电池系统数据流读取。

3. 实施记录

1）认真观察动力电池箱体内的各个零部件，并填写任务实施记录单，见表 3-9。

表 3-9　任务实施记录单（1）

序号	辅助元器件名称	作用
1	主控盒	
2	从控盒	
3	高压盒	
4	高压继电器	

(续)

序号	辅助元器件名称	作用
5	维护插接器	
6	高压断路器	
7	电加热膜	
8	加热断路器	
9	温度传感器	
10	预充电阻	
11	分流器	

2) 连接车辆专用工作诊断仪,读取动力电池系统的运行数据,并填写任务实施记录单,见表3-10。

表 3-10 任务实施记录单(2)

序号	动力电池数据流名称	当前值
1	动力电池内部总电压	
2	动力电池充放电电流	
3	动力电池负极继电器当前状态	
4	动力电池正极继电器当前状态	
5	动力电池预充继电器当前状态	
6	正极对地绝缘电阻	
7	负极对地绝缘电阻	
8	动力电池 SOC	
9	动力电池可用容量	
10	单体电芯最高电压	
11	最高电压单体序号	
12	单体电芯最低电压	
13	最低电压单体序号	
14	单体电芯最高温度	
15	最高温度单体序号	
16	单体电芯最低温度	
17	最低温度单体序号	

三、任务检验

1. 自检

参与实训练习的学员自我完成质量检验。

2. 互检

由完成相同实操练习项目的学员相互进行质量检验。

3. 终检

由专职质量管理人员(教师)进行专业检查。

四、教学评估

由教师依据教学目标对教学过程及结果进行价值判断。

任务三　车辆充电系统

情境导入

王先生的电动汽车突然无法正常充电，给4S店打电话请求救援。

王先生：电动汽车的充电系统是如何工作的？我的车为什么突然不能充电了？

技师李：新能源汽车的充电方式主要有慢充和快充两种形式，有些车型还具备快速换电功能。当车辆出现充电故障时，首先要判断是慢充系统还是快充系统的故障，还是两种方式都不能充电，然后再做相应的检修工作。

学习目标

1. 了解车辆充电系统慢充方式的工作原理。
2. 了解车辆充电系统快充方式的工作原理。
3. 能够完成车载充电机的更换工作。

一、相关知识

动力电池充电系统是新能源汽车的电能补给系统，主要分为常规充电（俗称慢充）和快速充电（俗称快充）两种方式。新能源汽车的充电系统包括慢充电插孔、快充电插孔、车载充电机、高压控制盒、充电连接线以及相关的控制单元等部件，如图3-19所示。

新能源汽车的充电控制策略通常为预充电→恒流充电→涓流充电（恒压）→结束，如图3-20所示。预充电过程不是每次充电时都有，当电池单体电压低于2.7V时，如果直接进入恒流充电会损害电池，此时自动开启预充模式，电压升高至一定值以后转为恒流充电模式。恒流充电是指以恒定的电流充电至70%~80%电池电量，此时电压达到最高限制电压，然后转为涓流充电模式。涓流充电是以30%的时间充入10%的电量，之后充电过程结束。

快充和慢充是一个相对的概念。快充为大功率直流充电，通常1h之内可以充满电池容量的80%；慢充是指交流充电，充电过程需6~8h。电动汽车充电快慢与充电机功率、电池充电特性和温度等因素紧密相关。在当前动力电池技术水平下，即使快充也需要30min以上才能充到电池容量的80%，超过80%以后为了保护动力电池的安全，充电电流必须变小。

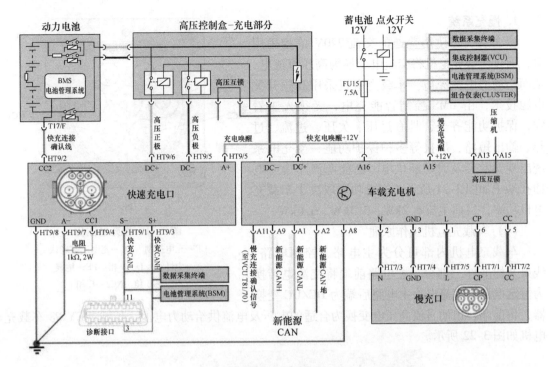

图 3-19 充电系统

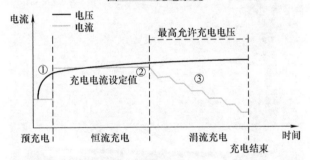

图 3-20 充电控制策略

国内常见电动汽车充电估算时间见表 3-11。

表 3-11 国内常见电动汽车充电估算时间

序号	车型	慢充时间/h	快充时间/h	续驶里程/km
1	北汽 E150E	8	2	150
2	比亚迪 e6	20	2	300
3	江淮和悦 IEV5	8	2.5	200
4	奇瑞 eQ	8~10	0.5	200
5	腾势	5	1.5~2	250
6	荣威 e50	6~8	1.5	180
7	长安 E30	8	1.5	160
8	启辰 e30	8	1.5	180
9	众泰知豆 E20	6	1	120

1. 慢充系统

慢充系统是使用普通的交流 220V 单相民用电，通过车载充电机将交流电变换为高压直流电，从而给动力电池充电。车载充电机采用高频开关电源技术，由 BMS 控制智能充电，无须人工看守，保护功能齐全，具有过压、欠压、过流、过热、输出短路、反接等多种保护功能，当充电系统出现异常会及时切断供电。新能源汽车慢充电插孔端子如图 3-21 所示。充电功率取决于车载充电机功率，目前主流有 2kW、3.3kW、6.6kW。

（1）车载充电机工作原理

车载充电机内部可分为主电路、控制电路、线束及标准件三部分。主电路前端将交流电转换为恒定电压的直流电，主电路后端为 DC/DC 变换器，将前端转出的直流高压电变换为合适的电压及电流供给动力电池。长城 WEY P8 车载充电机如图 3-22 所示。

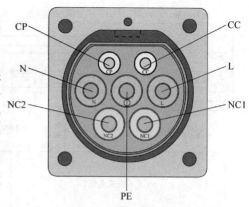

图 3-21 慢充电插孔
CP—充电控制　CC—充电连接确认
N—中性线　L—A 相　PE—地线
NC1—B 相　NC2—C 相

图 3-22 长城 WEY P8 车载充电机

特斯拉电动汽车可以选装 2 个车载充电器，这样可以有两倍最大交流电充电电流，如图 3-23 所示。

图 3-23 特斯拉双充电器

新能源汽车的车载充电机控制电路具有控制场效应管开关，与 BMS 之间进行通信，监测充电机工作状态以及与充电桩握手等功能。线束及标准件用于主电路与控制电路的连接，固定元器件及电路板。车载充电机工作原理如图 3-24 所示。

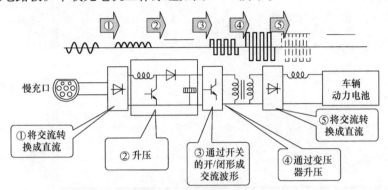

图 3-24　车载充电机工作原理

车载充电机的工作均由 BMS 发出指令进行控制，包括工作模式指令、动力电池允许最大电压、充电允许最大电流、加热状态的电流值等。充电机通过 CAN 总线与车辆进行通信，通信内容包括动力电池单体、模块和总成的相关技术参数，充电过程中电池的状态参数，充电机工作状态参数以及车辆基本信息等。

充电前，系统会自动检测箱体内部的电池温度，若温度高于 55℃ 或低于 0℃ 时，电池管理系统将自动切断充电回路，此时无法充电。若有低于 0℃ 的温度点，则启动加热模式，加热继电器闭合进行加热，待所有电芯温度点都高于 5℃ 时停止加热，然后启动充电程序，充电过程中充电桩电流显示为 12~13A。

加热状态时，充电机停止充电，此时 BMS 闭合负极继电器和加热继电器，通过电热元件给动力电池包内的电芯进行加热，加热电流由充电机向加热元件直接供电。

慢充状态时，动力电池高压正负继电器闭合，车载充电机首先判断其输出端的电压值，当监测到电压值满足充电要求后，充电机将闭合其输出端继电器并开始工作。慢充工作流程见表 3-12。

表 3-12　慢充工作流程

序号	车载充电机	动力电池、BMS	VCU、仪表、数据终端
1	220V 上电	待机	待机
2	12V 低压供电并等待指令	唤醒	
3	接收指令并执行加热流程	BMS 监测电池状态并发送加热指令	
4	接收指令并停止工作	BMS 监测电池温度并发送停止指令	唤醒
5	接收指令并执行充电流程	BMS 待充电机反馈后发送充电指令	
6	接收指令并停止工作	BMS 监控电池状态并发送完成指令	
7	完成充电后 1min 内控制充电桩结算	待机	待机

（2）车载充电机接线端子识别

1）奇瑞新能源 eQ1 车载充电机插件如图 3-25 所示。

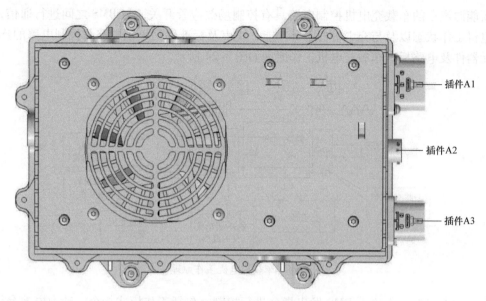

图 3-25 奇瑞新能源 eQ1 车载充电机插件

① 插件 A1：充电机电源输入，交流 220V。
② 插件 A2：充电机控制信号，与整车低压线缆连接。
③ 插件 A3：充电机高压输出端，与动力电池慢充输入线连接。
2）北汽 EV160 车载充电机插件如图 3-26 所示。
3）比亚迪 e6 车载充电机插件如图 3-27 所示。

2. 快充系统

快充系统使用工业 380V 三相电通过功率变换后，将直流高压大电流通过高压动力电缆直接向动力电池进行充电，在快充过程中电流显示值通常在 13.2~46.2A。快充系统主要部件包括快充桩、快充电插孔、车内高压线束、高压配电盒以及动力电池等。新能源汽车快充插孔端子如图 3-28 所示。

快充桩安装在固定的充电场所，与 380V 交流电源连接。电流经过 PFC 功率因数模块、DC/AC 逆变模块、高频变压器、AC/DC 整流器后，与电动汽车快充插孔相连接。快充桩工作原理如图 3-29 所示。

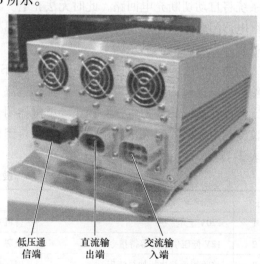

图 3-26 北汽 EV160 车载充电机插件

新能源汽车快充时的电流大小受动力电池内部温度的影响，当电池温度小于 5℃时停止充电，5~15℃时充电电流为 20A 左右，15~45℃时充电电流为 50A 左右，大于 45℃时停止充电。

当车辆充电时，起动钥匙位于 OFF 位，充电枪连接正常后，首先充电桩发出 12V 低压

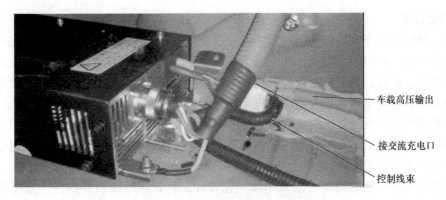

图 3-27 比亚迪 e6 车载充电机插件

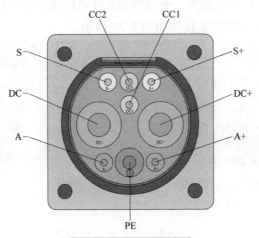

图 3-28 快充插孔端子

DC-—高压直流电源负极　DC+—高压直流电源正极　PE—车身地（搭铁）　A-—低压辅助电源负极
A+—低压辅助电源正极　CC1—充电连接确认　CC2—充电连接确认　S+—充电通信 CAN-H　S-—充电通信 CAN-L

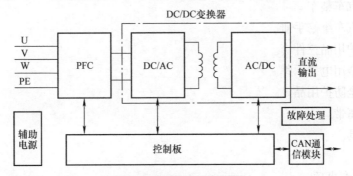

图 3-29 快充桩工作原理

电信号唤醒整车控制器（VCU），此时仪表板充电插头指示灯点亮，表示充电枪连接正常。VCU 输出 12V 低压电信号，唤醒动力电池管理系统和 DC/DC 变换器，动力电池内部自检合格后通过 CAN 线向充电桩发出充电请求信号并开始充电。

充电过程中，主控盒与从控盒采集的电池电压和温度等信息通过 CAN 总线与 VCU 和充电机通信，充电机随时调节充电电流和电压，保证充电数据的安全合理。当充电结束拔出充电枪后，VCU 控制车辆的高压系统下电。

3. 换电技术

目前，新能源汽车动力电池的能量密度和续驶里程还不能满足大部分车主长途行驶的要求，而且每次充电的时间又太长，充电基础设施也不算很完善，使新能源汽车的使用和推广受到严重限制。因此，有些汽车厂商提出可以像更换手机电池那样快速地更换新能源汽车的动力电池，使快速换电技术成为新能源汽车领域的一个研究热点。

换电技术可以在几分钟之内完成动力电池更换作业，这一操作过程主要是利用专业设备自动完成的。虽然解决了充电慢的问题，但是动力电池的结构设计和换电站建设也给广大汽车制造商增加了很大的成本。

具备快速换电功能的动力电池采用模块化设计，具有通用性和互换性，方便安装与拆卸，可实现集中充电与快速更换的结合。电池箱体外壳设有固定销锁止机构、螺栓锁止机构、导向机构、动力电池电源线插座、电池管理系统通信线插座以及位置传感器等部件。以北汽 EU260 为例，动力电池快速插接件如图 3-30 所示。

图 3-30　动力电池快速插接件

二、任务实施

1. 实施准备

（1）实训物品准备

1) 新能源汽车整车。
2) 新能源汽车维修手册。
3) 车辆防护用品三件套。
4) 高压安全用电警示牌。
5) 高压安全防护用品。
6) 警示隔离带。
7) 绝缘工具。
8) 万用表。

（2）安全注意事项

1) 任务实施场地拉设警示隔离带。
2) 车辆停放平稳，前后禁止站人。
3) 在前机舱内放置高压安全用电警示牌。
4) 严禁用手直接触摸动力电缆（橙色部分）。
5) 拆卸高压部件时，必须穿戴好高压安全防护用品。
6) 拆卸高压部件前，必须关闭点火开关并妥善保管车钥匙，拆卸低压蓄电池负极。

2. 实施内容

车载充电机总成更换。

3. 实施记录

任务实施记录单见表 3-13。

表 3-13 任务实施记录单

操作顺序	操作内容
1	
2	
3	
4	
5	
6	
7	

三、任务检验

1. 自检

参与实训练习的学员自我完成质量检验。

2. 互检

由完成相同实操练习项目的学员相互进行质量检验。

3. 终检

由专职质量管理人员（教师）进行专业检查。

四、教学评估

由教师依据教学目标对教学过程及结果进行价值判断。

任务四　动力电池系统故障维修

情境导入

一辆新能源汽车在行驶过程中托底，导致动力电池箱体破损。

车主李：车辆在行驶过程中只是轻轻磕碰了一下，动力电池怎么就坏了呢？

技师王：新能源电动汽车的动力电池安装在车辆底部，极易发生因托底而损坏的事故。在行驶过程中遇到起伏不平或者积水路面的时候，一定要仔细观察路况，缓慢行驶或选择绕行，以免造成车辆损伤。

> **学习目标**
> 1. 能够完成动力电池绝缘检测。
> 2. 能够完成动力电池总成更换。
> 3. 掌握动力电池系统故障及排除方法。

一、相关知识

1. 绝缘电阻监测系统

新能源汽车采用电力驱动系统，内部有几百伏的高压电，有着极高的绝缘要求。而汽车是一个不断运动的部件，随着使用年限增加、系统振动、部件老化、温湿度变化等因素的影响，都有可能导致车辆整体绝缘性能下降。这不仅会影响车辆运行，还将危及车上人员的人身安全，因此电动汽车高压电气系统绝缘性能是一个至关重要的技术指标。

（1）绝缘电阻监测系统工作原理

新能源汽车的高压电路应按 GB/T 18384.3—2015 中的规定提供直接接触防护，布置在乘客舱或行李舱外部的 B 级高压电路（60～1500V）的防护性能应满足 IP67 的要求。当各高压部件、接口的通断导致系统暴露产生潜在危险时，B 级电压系统应自动不带电。

动力电池正负极通过绝缘层与底盘构成电流回路，当整车绝缘下降时漏电电流就会增大，漏电电流达到一定值时，将危及乘客安全以及整车电气系统的正常运行。新能源汽车的绝缘电阻监测系统主要是通过在正极动力电缆与底盘、负极动力电缆与底盘之间分压的方式，来测量动力电缆相对于车辆底盘的绝缘程度。为了简化结构，通常将绝缘电阻监测模块设在动力电池系统内，并把绝缘电阻监测功能集成到 BMS 上，如图 3-31 所示。

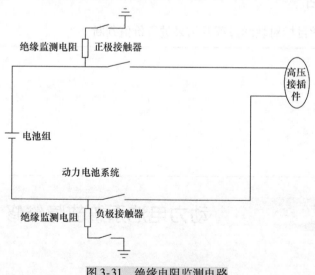

图 3-31 绝缘电阻监测电路

动力电池系统的绝缘阻值分为正极与外壳、负极与外壳两部分。在高压电断开的情况下用绝缘表测量正极对地和负极对地绝缘阻值，均应大于等于 500Ω/V，否则为不合格。

（2）绝缘阻值测量流程

测量电气设备的绝缘电阻是检查其绝缘状态最简便的方法，普遍使用绝缘表测量绝缘电阻。绝缘表又叫兆欧表，在工作时自身会产生高电压，而测量对象也是电气设备，所以必须正确使用，以免造成人身伤害或设备损坏。

1）检测方法：

① 试验前关闭点火开关，拆卸低压蓄电池负极连接线。

② 拔下维修开关，交专人保管或锁起来，以防误插。

③ 断开动力电池高压电缆插接件，并用放电工装进行放电。

④ 对绝缘表进行初步检查，确认绝缘表工作正常。

⑤ 选择合适的量程，连接测试线，按下测试键，读取其绝缘电阻值，如图3-32所示。

2）注意事项：

① 测量前，必须断开被测设备电源并进行放电，严禁带电测量，以保证人身和设备的安全。

② 被测物表面要清洁，减少接触电阻，确保测量结果准确。

③ 测量大电容电机和较长电缆的绝缘电阻时，必须适当延长测量时间才能得到正确的结果。

④ 遇阴雨潮湿的天气或环境湿度太大时，不宜进行测量工作。

图3-32　绝缘阻值测量

⑤ 测试输出电压插孔输出的是高压电，严禁用手直接触摸测试笔。

⑥ 电池能量不足时应及时更换，长期存放时应取出电池，以免电池漏液损坏绝缘表。

⑦ 空载时，如有数字显示，属正常现象，不影响测试。

⑧ 在进行MΩ测试时，如果读数不稳定可能是环境干扰或绝缘材料不稳定造成的，此时可将"G"端接到被测部件的屏蔽端，即可使读数稳定。

⑨ 为保证测试安全性和减少干扰，测试线外皮采用硅橡胶材料，请勿随意更换测试线。

2. 动力电池更换流程

1）车辆停放平稳，铺设车辆防护用品。

2）操作人员穿戴好高压安全防护用品。

3）断开12V蓄电池负极，并用绝缘胶带包裹负极连接线、蓄电池极柱。

4）拆下维修开关（有的车型没有维修开关）。

5）举升车辆，拆卸动力电池线束护板。

6）拆卸动力电池高低压线束。

7）测量动力电池端正负极端子输出电压是否为0V，如果高压端带电需等待几分钟再次进行测量，严禁带电操作。

8）用放电工装对高压负载端进行放电。

9）将动力电池举升车推入车辆底部，托住动力电池总成底部，按顺序拆卸动力电池总成固定螺栓。

10）缓慢降下动力电池举升车，并将动力电池推出车外。

11）安装时将动力电池移至车辆下方，缓慢升起电池举升车，使动力电池两侧的定位销对准车辆下方定位孔。

12）按顺序依次拧紧动力电池的固定螺栓，安装动力电池高低压线束插接件及电池护板。

13）车辆复位，检查车辆上电和充电是否正常。

3. 维护插接器

维护插接器（MSD）也叫维修开关或紧急开关，在特定时刻能够实现高压系统的电气隔离，是保证电动汽车高压电气安全的关键部件。在车辆维修或存在漏电危险等特殊情况时，使用维修开关切断高压电路。维修开关的安装位置各车型都不一样，主要分布在后排座椅下方、中央扶手箱下方、行李舱内以及前排乘客座椅下方等位置。长城 WEY P8 维护插接器位于车辆行李舱内，如图 3-33 所示。

图 3-33　长城 WEY P8 维护插接器

根据 SAE 标准，当维修开关打开后，可以断开电池系统输出端子之间的任何电压。在继电器断开的情况下，MSD 断开后 5s 内，所有外部电池端子的直流电压应小于 60V。原则上，MSD 可以设置在动力电池内的任意一个位置，不过一般分为以下三种：SD1 - 电池正极和正极继电器 C1 之间；SD2 - 电池组中心，这里是动力电池额定电压的中间分压位置；SD3 - 电池负极和负极继电器 C2 之间。如图 3-34 所示。

维修开关采用两阶段打开方式，内置高压互锁触点，插合后的防护等级为 IP67，插拔寿命在 500 次以上。拆卸方法大致相同。以江淮 iEV6S 为例，维修开关位于车辆后排座下方，如图 3-35 所示。在拆卸维修开关之前必须要关闭点火开关，断开低压蓄电池负极连接线，在拔下维修开关后，还需等待 10min 左右才可以进行下一步的维修工作，以确保高压剩余电量消耗完毕。

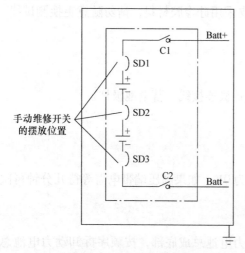

图 3-34　维护插接器设置位置

图 3-35　江淮 iEV6S 维修开关安装位置

1）首先拆卸维护插接器开关盖板的 4 条固定螺栓。

2）打开维护插接器的二次锁扣，如图 3-36 所示。

项目三 动力电池与管理系统 | 71

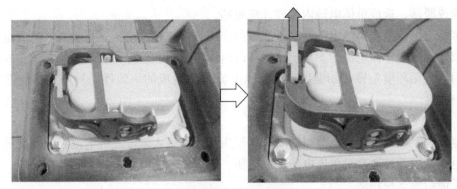

图 3-36 打开二次锁扣

3）按住维护插接器卡扣，按图 3-37 所示方向转动维护插接器的把手，然后向上用力直至把手垂直，然后取出维护插接器并安全放置，以防他人误插。

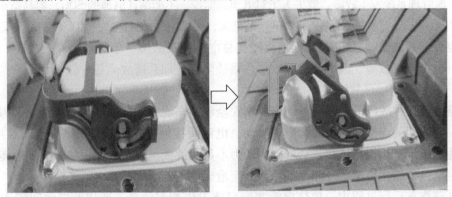

图 3-37 取出维护插接器

4. 动力电池系统常见故障

电动汽车的动力电池系统属于高压部件，其好坏直接影响着整车安全性及可靠性。在动力电池系统中，从故障发生的部位看，分为传感器故障、执行器故障（接触器故障）和部件故障（电芯故障）等。

动力电池系统故障按照故障发生的部位不同可以分为单体电池故障、电池管理系统故障、线路或连接件故障。

（1）单体电池故障

1）单体电池 SOC 偏低或偏高。这种情况下电池性能正常，无须更换。如果单体电池 SOC 偏低，则该电池在汽车行驶过程中，电压最先达到放电截止电压，使得电池组实际容量降低，应对该单体电池进行补充充电。如果单体电池 SOC 偏高，则该电池在充电末期最先达到充电截止电压，影响充电容量，需对该单体电池进行单独补充放电。

2）单体电池容量不足和单体电池内阻偏大。这种情况电池性能衰退严重，应立即更换。在电池组中，最小的单体电池容量也限制了整个电池组的容量，因此发生单体电池容量不足故障会影响车辆续驶里程。如果锂离子电池内阻过大，会严重影响电池的电化学性能，例如充放电过程中的极化严重、活性物质利用率低、循环性能差等。

3）单体电池内部短路、单体电池外部短路。这种情况会影响行车安全。如果单体电池极性装反，在强振动下锂离子电池的极耳、极片上的活性物质、接线柱、外部连线和焊点可能会折断或脱落，造成单体电池内部或外部短路。

通常情况下，造成单体电池前两种故障的原因可能包括两个：一是动力电池成组时单体电池一致性问题，单体电池的 SOC、容量和内阻本身就存在差异；二是单体电池在成组应用过程中因为应用环境差异（如温度、充放电电流）而造成的一致性差异增加，加剧单体电池的不一致性。

（2）电池管理系统故障

电池管理系统对于保障电池组的安全及使用寿命，最大限度发挥电池系统效能具有重要作用。电池管理系统通常对单体电压、总电压、总电流和温度等进行实时监控采样，并将实时参数反馈给整车控制器。

电池管理系统除了对电池性能参数进行监控、实施电性能管理以外，还具有热管理为主的应用环境管理，实施对电池的加热和冷却，确保电池的良好应用环境温度以及温度场的一致性。

若电池管理系统发生故障，就失去了对电池的监控，不能估计电池的 SOC，容易造成电池的过充、过放、过载、过热以及不一致性问题的增加，影响电池的性能、使用寿命和行车安全。

电池管理系统故障包括 CAN 通信故障、总电压测量故障、单体电压测量故障、温度测量故障、电流测量故障、继电器故障、加热器故障和冷却系统故障等。

（3）线路或连接件故障

线路或连接件故障的诊断对于确保行车安全和整车的可靠性同样重要。例如，因为车辆的振动，电池间的连接螺栓可能会出现松动，电池间接触电阻增大，发生电池间虚接故障，以致电池组内部能量损耗增加，造成车辆动力不足和续驶里程短，在极端情况下还能引起高温，产生电弧，熔化电池电极和连接片，甚至造成电池着火等极端电池安全事故。

在电动汽车运行过程中，单体电池之间可能发生相对跳动，造成两电池间的连接片折断。电池箱和电动汽车的电气连接也是故障的高发点，电插接器在经历长时间振动后容易产生虚接，出现易烧蚀、接触不良等故障。

动力电池系统常见故障及处理方法见表 3-14。

表 3-14 动力电池系统常见故障及处理方法

项目	故障现象	故障后果	处理方法
单体电池	单体电池 SOC 偏低	电池组容量降低，电动汽车续驶里程短	对单体电池单独充电
	单体电池 SOC 偏高		对单体电池单独放电
	单体电池容量不足	电池组充电不足、使用寿命减少，电动汽车续驶里程短	更换单体电池
	单体电池内阻偏大	电池组充电不足、使用寿命减少，电动汽车动力不足、续驶里程短	
	单体电池过充电	电池内部短路、电池热失控，严重时会起火、爆炸	检查电池管理系统
	单体电池过放电		
	单体电池内部短路	电池热失控，严重时会起火、爆炸	更换单体电池
	单体电池外部短路		排除短路故障、更换单体电池
	单体电池极性装反		更换单体电池

（续）

项目	故障现象	故障后果	处理方法
电池管理系统	CAN 通信故障	无法监控电动汽车	检查 CAN 网络
	总电压测量故障	无法监控总电压	检查总电压测量模块
	单体电压测量故障	无法监控单体电压	检查单体电压测量模块
	温度测量故障	无法监控电池温度	检查温度测量模块
	电流测量故障	无法监控电池电流	检查电流测量模块
	冷却系统故障	电池温度偏高	检查冷却风扇控制线路
线路或连接件	电池间虚接	电动汽车动力不足、续驶里程短	紧固电池连接
	电池间断路	电动汽车无法起动	检查电池连接
	快速熔断器断开		检查快速熔断器
	动力电插接器断开		检查动力电插接器
	信号电插接器虚接	插接器易烧蚀，电动汽车动力不足	
	信号电插接器故障	无法监控电动汽车	检查信号电插接器
	正极接触器故障	电动汽车无法起动	检查接触器
	负极接触器故障		
	电源线短路	电池热失控，严重时会起火、爆炸	检查电源线

二、任务实施

1. 实施准备

（1）实训物品准备

1）新能源汽车整车。
2）车辆防护用品三件套。
3）高压安全用电警示牌。
4）高压安全防护用品。
5）动力电池举升车，如图 3-38 所示。
6）绝缘工具，如图 3-39 所示。
7）放电工装，如图 3-40 所示。
8）维修手册。
9）万用表。
10）绝缘表。
11）举升机。

（2）安全注意事项

1）任务实施场地拉设警示隔离带，放置安全用电警示牌。

图 3-38　动力电池举升车

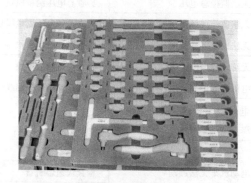 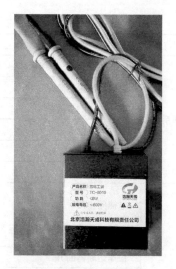

图 3-39　绝缘工具　　　　　　　图 3-40　放电工装

2）拆装动力电池前，必须断开低压蓄电池负极，并妥善保管车钥匙。
3）操作人员必须经过安全培训，工作场地保持干净整洁。
4）操作过程中必须穿戴高压安全防护用品，并使用绝缘工具。
5）确保举升机和动力电池举升车等设备性能正常。
6）严禁私自打开动力电池箱体外壳。

2. 实施内容

1）动力电池绝缘阻值测量。
2）动力电池总成更换。

3. 实施记录

任务实施记录单见表 3-15。

表 3-15　任务实施记录单

序号	检测线路	检测数据
1	正极与外壳	
2	负极与外壳	

三、任务检验

1. 自检

参与实训练习的学员自我完成质量检验。

2. 互检

由完成相同实操练习项目的学员相互进行质量检验。

3. 终检

由专职质量管理人员（教师）进行专业检查。

四、教学评估

由教师依据教学目标对教学过程及结果进行价值判断。

复 习 题

一、填空题

1. 可充电电池内部结构之间所发生的化学反应是可逆的，也叫二次电池，新能源汽车动力电池均为（　　　）。
2. 镍氢电池是由氢离子和金属镍合成的，电量储备比镍镉电池多（　　　）。
3. 通常大家在电池体上看到的 AAA、AA、C、D、N、F、SC 等标志都是（　　　）。
4. 锂离子电池主要由（　　　）和（　　　）两大模块组成。
5. （　　　）是指动力电池所能够储存的电量，是衡量电池性能的重要指标之一。
6. 剩余电量是指动力电池内部的可用电量占标称容量的比例，是电池管理系统中的一个重要监控数据，用字母（　　　）表示。
7. 新能源电动汽车电池管理系统英文缩写（　　　）。
8. 电动汽车充电快慢与充电机功率、（　　　）和（　　　）等因素紧密相关。
9. 车载充电机的工作均由（　　　）发出的指令进行控制。
10. 在高压电断开的情况下，用绝缘表测量动力电池正对地和负对地的绝缘阻值，均应大于等于（　　　），否则为不合格。
11. 充电前，系统会自动检测箱体内部的电池温度，若温度高于（　　　）或低于（　　　）时，电池管理系统将自动切断充电回路，此时无法充电。
12. 快充桩通常安装在固定的充电场所，与（　　　）交流电源连接。

二、判断题

（　　　）1. 根据国际电工委员会标准，镍镉和镍氢电池标志由 5 部分组成。
（　　　）2. 镍氢电池是一种碱性电池，负极采用由储氢材料作为活性物质的氢化物电极，正极采用氢氧化镍简称镍电极，电解质为氢氧化钾溶液。
（　　　）3. 新能源汽车动力电池的额定电压又称标称电压，额定电压 = 单体电芯额定电压 × 单体电芯串联数。
（　　　）4. 锂离子电池单体电压由于使用的正极材料不同，其额定电压也有所不同，单体电压最高可达 3.7V。
（　　　）5. 电池额定能量是衡量电池性能的重要指标之一，单位为 kW·h。
（　　　）6. 在新能源汽车中，动力电池与管理系统、驱动电机及控制系统、整车控制器是三个最重要的核心部件，即通常所说的"三大电"。

（　　）7. 能量密度是指电池单位体积或单位质量所释放出来的能量。

（　　）8. 动力电池箱主要包括动力电池模组、电池管理系统、辅助元器件以及动力电池箱体等部件。

（　　）9. 电池管理系统是动力电池的核心部件，是集监测、控制与管理为一体的控制单元。

（　　）10. 新能源汽车的充电控制策略通常为预充电→恒流充电→涓流充电→结束。

（　　）11. 快充系统使用工业380V三相电通过功率变换后，将直流高压大电流通过高压动力电缆直接向动力电池进行充电。

（　　）12. 根据SAE标准，当维护插接器打开后，可以断开电池系统输出端子之间的任何电压。

项目四 驱动电机及控制系统

任务一 驱动电机基础知识

情境导入

王先生到某品牌的新能源汽车4S店选购车辆。

王先生：听说电动汽车都是靠电机驱动的，是这样吗？

技师李：电动汽车没有发动机，是通过电机将动力电池提供的电能转变为机械能来驱动车辆行驶的。与传统的燃油车相比，电动汽车结构比较简单、车辆行驶噪声小，而且电机维护也非常简单。

学习目标

1. 了解驱动电机分类与原理。
2. 了解驱动电机的型号含义。
3. 熟悉驱动电机的常用术语。

一、相关知识

电机是指依据电磁感应原理实现电能转换的一种电磁装置，它的主要作用是产生驱动转矩，作为各种机械的动力源。

驱动电机系统是电动汽车的三大核心部件之一，是车辆行驶的执行机构，其特性决定了车辆的主要性能指标，直接影响车辆的动力性、经济性和用户驾乘感受。

1. 电机分类

（1）按工作电源划分

根据工作电源不同，电机可分为直流电机和交流电机，如图4-1所示。

（2）按结构和工作原理划分

根据结构和工作原理不同，电机可分为直流电机、异步电机和同步电机，如图4-2所示。

（3）按运转速度划分

按照运转速度不同，电机可分为低速电机、高速电机、恒速电机和调速电机，如图4-3所示。

（4）车用电机技术要求

目前，电动汽车上常用的电机主要有直流电机、交流感应电机、永磁同步电机和开关磁阻电机。电动汽车对于驱动电机主要有以下7点要求：

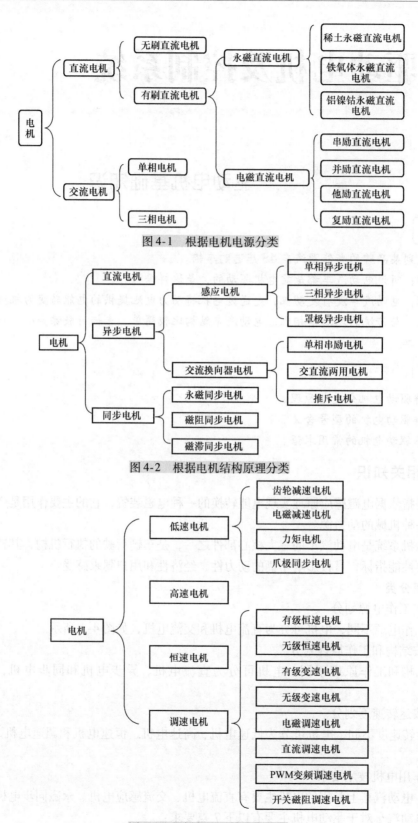

图4-1 根据电机电源分类

图4-2 根据电机结构原理分类

图4-3 根据电机运转速度分类

1）安全性高。电机及控制系统的安全性都必须符合国家或国际有关车辆电气控制的安全性能标准和规定，必须设有高压保护装置。

2）起动转矩和调速范围大。使电动汽车具有较好的起动性能和加速性能，从而获得起动、加速、行驶、减速、制动等工况所需的功率与转矩。

3）效率高、损耗低，还应在车辆减速时实现再生能量回收功能。

4）质量小。电机应尽量采用铝合金外壳，以降低电机质量。

5）电压高。在允许的范围内尽可能采用高电压，这样可减小电机和导线等部件的尺寸。

6）可靠性高、运行噪声小。耐高温和耐潮特性强，能够在较恶劣的环境下长期工作。

7）成本低、使用寿命长、结构简单、便于维护。

2. 直流电机

直流电机是指可以把直流电能转换成机械能（直流电动机）或将机械能转换成直流电能（直流发电机）的旋转电机。它是一种能够实现直流电能和机械能相互转换的电机。作为电动机运行时是直流电动机，将电能转换为机械能；作为发电机运行时是直流发电机，把机械能转换为电能。

（1）电机结构

直流电机主要由磁场、电枢绕组、电枢和换向器等部件组成。

1）磁场。磁场是一对静止的磁极，功率较小的电机采用永久磁铁做磁极，功率较大的电机磁场是由直流电流通过绕在磁极铁心上的绕组线圈产生的。用来形成 N 极和 S 极的绕组称为励磁绕组，励磁绕组中的电流称为励磁电流。

2）电枢绕组。在 N 极和 S 极之间有一个能绕轴旋转的圆柱形铁心，上面缠绕的线圈称为电枢绕组，电枢绕组中的电流称为电枢电流。

3）电枢。由铁心、电枢绕组和换向器所组成的旋转部分称为电枢。

4）换向器。电枢绕组的两端分别接在两个相互绝缘和绕组同轴旋转的半圆形铜质换向片上，组成一个换向器，换向器上压着固定不动的正、负极电刷。

（2）工作原理

1）电磁转矩产生。电枢绕组通过电刷接到直流电源上，绕组的旋转轴与机械负载相连。电流从电刷 A 流入电枢绕组，从电刷 B 流出。电枢电流与磁场相互作用产生电磁力，其方向可用左手定则判定。这一对电磁力所形成的电磁转矩，使电动机电枢 ab 沿着逆时针方向旋转。

2）换向原理。当电枢转 ab 边转到了 S 极位置，cd 边转到了 N 极下面，这时电枢线圈的电磁转矩方向发生了改变，但由于换向器随着电枢同步旋转，使得电刷 A 总是接触 N 极下的导线，而电刷 B 总是接触 S 极下的导线，因此电流的流动方向随之发生改变，使电磁转矩方向保持不变，如图4-4所示。

（3）应用特点

1）优点。直流电机的起动加速转矩大，电磁转矩控制特性好，调速方便、控制装置简单，技术成熟、成本较低。

2）缺点。直流电机由于有机械换向器，当在高速大负荷下运行时，换向器表面常有火花出现，因此不宜设定太高的电机转速。长时间使用后，需要定期维护更换换向器和电刷，

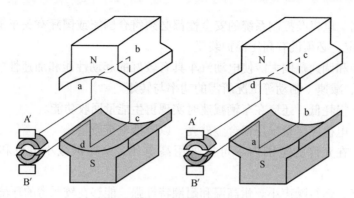

图 4-4　直流电机工作原理

因此在新研制的新能源汽车上已基本不再采用直流电机。

3. 永磁同步电机

永磁同步电机采用永磁体来产生气隙磁通量，永磁体代替了直流电机中的磁场线圈和感应电机中定子的励磁体。同步电机属于交流电机，定子绕组与异步电机的定子绕组相同。永磁同步电机转子的旋转速度与定子绕组所产生的旋转磁场的速度是一样的，所以称为永磁同步电机。

（1）电机结构

永磁同步电机主要由转子磁铁、定子绕组、传感器以及壳体等部件组成，如图 4-5 所示。永磁同步电机最大特点是它的定子结构与普通感应电机非常相似，主要区别于转子结构与其他电机形成了差别，在转子上设有优质的永磁体磁极。根据在转子上安放永磁体位置的不同，永磁同步电机通常会分为内嵌式、面贴式以及插入式三种。

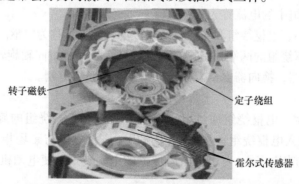

图 4-5　永磁同步电机结构

（2）工作原理

永磁同步电机首先给定子绕组通入三相交流电，在通入电流后就会在电机的定子绕组中形成旋转磁场。由于在转子上安装了永磁体并且磁极是固定的，根据同极相斥、异极相吸原理，在定子中产生的旋转磁场会带动转子旋转从而产生驱动力，并最终达到转子的旋转速度与定子中产生的旋转磁场速度相等。

（3）应用特点

永磁同步电机所需要的钕铁硼永磁材料是稀土资源，因此生产成本较高，并且温度大幅度变化时还会引发退磁现象。但是永磁同步电机功率密度高、调速范围大，适用于高速公路网受限，频繁起停工况，目前广泛应用于新能源汽车，比亚迪 e6 驱动电机外观如图 4-6 所示。

4. 交流感应电机

交流感应电机又叫异步电机，即转子置于旋转磁场中，在旋转磁场的作用下，获得一个转动力矩使转子转动。交流感应电机是由电气工程师尼古拉·特斯拉于 1887 年发明的。

（1）电机结构

交流感应电机主要由定子与绕组、笼型转子、转子轴、轴承、前后端盖以及风扇等部件组成，结构如图 4-7 所示。

图 4-6 比亚迪 e6 驱动电机

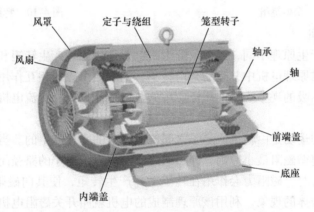

图 4-7 交流感应电机结构

1）定子

定子有 A–X、B–Y、C–Z 三个绕组，各线圈按一定规律分别嵌放在定子槽内，如图 4-8 所示。定子是电机中固定不动的部分，主要作用是产生一个旋转磁场。旋转磁场并不是用机械方法实现的，而是以交流电通过电磁绕组中，使其磁极性质循环改变，故相当于一个旋转磁场。按照所用交流电的种类不同，可划分为单相电机和三相电机两种。

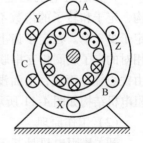

图 4-8 定子绕组

2）转子

转子是可转动的导体，主要由铁心和绕组组成。转子绕组由插在转子槽中的多根导条和两个环形端环组成，若去掉转子铁心，整个绕组的外形就像一个鼠笼，故称笼型绕组，如图 4-9 所示。

（2）工作原理

交流感应电机首先通过定子产生旋转磁场，转子绕组切割磁感线产生感应电动势，从而使转子绕组中产生感应电流。转子绕组中的感应电流与磁场相互作用，产生电磁转矩使转子旋转。

（3）应用特点

交流感应电机具有功率密度低、调速范围小、生产成本低、可靠性高、无退磁现象等特点，适用于高速公路网比较发达的区域。应用代表车型为特斯拉，特斯拉驱动电机如图4-10所示。

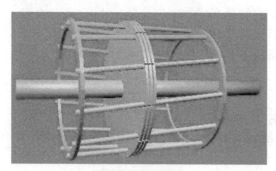

图4-9 笼型绕组

图4-10 特斯拉驱动电机

5. 开关磁阻电机

电机根据转矩产生原理不同，可大致分为由电磁作用原理产生转矩和由磁阻变化原理产生转矩两类。在电磁原理电机中，运动是由转子、定子两个磁场相互作用产生的，类似于磁铁同极相斥、异极相吸的现象，目前广泛应用的各种直流电机和交流电机都是根据这一原理制成。

磁阻原理电机的运动是由转子、定子之间气隙磁阻的变化产生的。当定子绕组通电时产生一个单相磁场，遵循磁阻最小原则，即磁通总要沿着磁阻最小的路径闭合。因此当转子轴线与定子轴线不重合时，磁阻力会作用在转子上并产生转矩，使其向磁阻最小的位置移动，类似于磁铁吸引导磁体的现象，利用该原理制成的电机就叫开关磁阻电机。

（1）电机结构

开关磁阻电机的定子和转子均为凸极结构，定子和转子的齿数不等，转子齿数一般比定子少2个。在定子齿上绕有线圈，两个位置相对的定子线圈相互串联形成一相绕组。转子由铁心叠片而成，上面没有线圈绕组，开关磁阻电机结构如图4-11所示。

（2）工作原理

开关磁阻电机是基于磁通总是沿着导磁最大的路径闭合原理制成的。当转子和定子的齿中心线不重合，导磁不是最大时，磁场就会产生磁拉力形成磁阻转矩，使转子转到导磁体最大的位置。电机控制器不断地向各相绕组依次通入电流，电机转子则一步一步地沿着与通电相序相反的方向转动。当改变定子各相通电顺序时，电机的旋转方向随之改变。

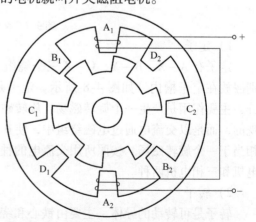

图4-11 开关磁阻电机结构

（3）应用特点

开关磁阻电机具有简单可靠、调速范围宽、效率高、控制灵活、成本低等优点。但是也具有转矩波动大、噪声较大、需要位置检测器等缺点，因此应用范围受到一定的限制，目前主要应用于大型新能源电动客车。

6. 驱动电机技术参数

（1）基速

电机基速是指电机的额定转速，当电机励磁绕组中通入额定的励磁电压或励磁电流，且此时电机带的负载为额定值，这时的电机转速即基速。

（2）额定功率

电机的额定功率是指电机在额定运行（额定电压、额定频率、额定负载）条件下，转轴上输出的机械功率。

（3）峰值功率

峰值功率就是当负载突然变化时，电机在短时间内能产生的最大功率。

（4）额定转矩

电机的额定转矩表在示额定条件下运行的电机，其轴端输出的转矩。

（5）峰值转矩

峰值转矩指电机输出的最大转矩，在转矩曲线上为最高点，所以叫峰值。

（6）防护等级

电机防护等级采用国际电工委员会推荐的 IP×× 等级标准，不同的安装场所对防护等级要求是不一样的。将电气设备依其防尘和防湿气的特性加以分级，IP 防护等级是由两个数字组成，第 1 个数字表示防止灰尘等外物侵入的等级，最高级别是 6。第 2 个数字表示防湿气、防水侵入的密闭程度，数字越大表示其防护等级越高，最高级别是 8。IP 防尘等级见表 4-1，IP 防水等级见表 4-2。新能源汽车高压部件的防护等级通常为 IP67。

表 4-1　IP 防尘等级

数字	防护范围	说明
0	无防护	对外界的人或物无特殊的防护
1	防止直径大于 50mm 的固体外物侵入	防止人体（如手掌）因意外而接触到电器内部的零件，防止较大尺寸（直径大于 50mm）的外物侵入
2	防止直径大于 12.5mm 的固体外物侵入	防止人的手指接触到电器内部的零件，防止中等尺寸（直径大于 12.5mm）的外物侵入
3	防止直径大于 2.5mm 的固体外物侵入	防止直径或厚度大于 2.5mm 的工具、电线及类似的小形物侵入而接触到电器内部的零件
4	防止直径大于 1.0mm 的固体外物侵入	防止直径或厚度大于 1.0mm 的工具、电线及类似的小形外物侵入而接触到电器内部的零件
5	防止外物及灰尘	完全防止外物侵入，虽不能完全防止灰尘侵入，但灰尘的侵入量不会影响电器的正常运作
6	防止外物及灰尘	完全防止外物及灰尘侵入

表 4-2　IP 防水等级

数字	防护范围	说明
0	无防护	对水或湿气无特殊的防护
1	防止水滴浸入	垂直落下的水滴（如凝结水）不会对电器造成损坏

(续)

数字	防护范围	说 明
2	倾斜15°时，仍可防止水滴浸入	当电器由垂直倾斜至15°时，滴水不会对电器造成损坏
3	防止喷洒的水浸入	防雨或防止与垂直的夹角小于60°的方向所喷洒的水浸入电器而造成损坏
4	防止飞溅的水浸入	防止各个方向飞溅而来的水浸入电器而造成损坏
5	防止喷射的水浸入	防持续至少3min的低压喷水
6	防止大浪浸入	防持续至少3min的大量喷水
7	防止浸水时水的浸入	在深达1m的水中防30min的浸泡影响
8	防止沉没时水的浸入	在深度超过1m的水中防持续浸泡影响。准确的条件由制造商针对各设备指定

二、任务实施

1. 实施准备

（1）实训物品准备

1）新能源汽车整车。

2）车辆防护用品三件套。

3）警示隔离带。

4）万用表。

5）维修手册。

6）故障诊断仪。

7）车辆举升机。

（2）安全注意事项

1）任务实施场地拉设警示隔离带。

2）关闭点火开关，断开低压电池负极连接线。

3）在前机舱内放置高压安全用电警示牌。

4）严禁用手直接触摸动力电缆（橙色部分）。

5）举升车辆时，必须规范操作举升机。

2. 实施内容

记录各种电机铭牌信息。

3. 实施记录

检测旋转变压器，任务实施记录单见表4-3。

表4-3 任务实施记录单

序号	名称	电机铭牌信息
1	北汽EV160	
2	荣威e50	
3	比亚迪e6	

三、任务检验

1. 自检
参与实训练习的学员自我完成质量检验。

2. 互检
由完成相同实操练习项目的学员相互进行质量检验。

3. 终检
由专职质量管理人员（教师）进行专业检查。

四、教学评估

由教师依据教学目标对教学过程及结果进行价值判断。

任务二　驱动电机及控制系统结构原理

情境导入

张先生的新能源汽车在行驶过程中，仪表突然提示驱动电机高温出现故障，于是将车辆开到4S店进行检修。

张先生：新能源汽车驱动电机是怎么工作的呢？

技师李：新能源汽车的驱动系统主要包括驱动电机和电机控制器两部分。动力电池提供的高压直流电首先经过电机控制器转换为驱动电机所需的交流电，电机控制器还实时监控电机的工作温度及转速等情况，出现故障后会立即发出警告信号。

学习目标

1. 了解驱动电机及控制系统基本结构。
2. 了解电机控制器的功能及结构原理。
3. 能够分析驱动电机系统的运行数据。

一、相关知识

1. 驱动电机系统

新能源汽车的驱动电机系统主要由驱动电机（DM）和电机控制器（MCU）组成，驱动电机系统通过高低压线束、冷却管路与整车其他系统进行连接，如图4-12所示。

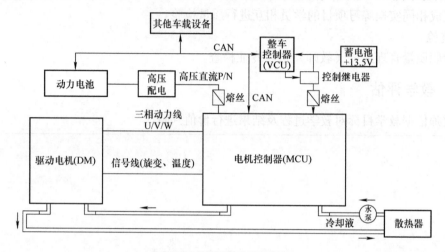

图4-12 驱动电机系统结构

驱动电机作为车辆的唯一动力源向外输出转矩，驱动车辆前进或后退。根据车辆不同的运行状态，新能源汽车的驱动电机具有电力驱动和能量回收两种工作模式。

当车辆采用电力驱动时，动力电池的高压直流电输送至电机控制器，电机控制器将直流电转换为交流电输送给驱动电机，电机运转时产生的转矩传递给驱动轮使车辆行驶。电力驱动过程如图4-13所示。

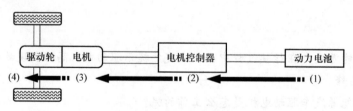

图4-13 电力驱动过程

在再生能量阶段，通过车轮的旋转带动电机转动。此时电机转为发电机的功能，由电机控制器将电机产生的交流电转为直流电，然后向动力电池充电，如图4-14所示。

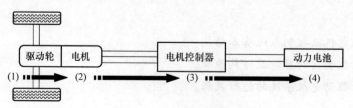

图4-14 能量回收过程

(1) 驱动电机

新能源汽车驱动电机除了常见的定子、转子外，还有冷却水道、旋转变压器、高压接线盒等其他部件，驱动电机结构如图 4-15 所示。

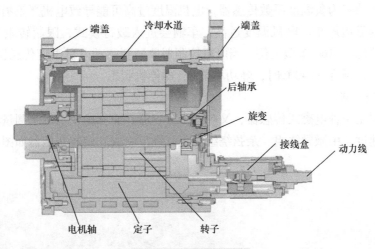

图 4-15 驱动电机结构

(2) 电机冷却系统

新能源电动汽车种类繁多，用途也各不相同，采用的驱动电机形式也是多种多样的，但是它们都有一个共性问题，那就是热管理问题。电机的散热方式主要有自然冷却和液体冷却两种，新能源汽车普遍采用液体冷却方式，俗称水冷。

新能源汽车电机冷却系统与传统燃油车的冷却系统很相似，只是冷却水泵为电子式，由 12V 电源驱动其运转。北汽新能源 EV160 冷却系统如图 4-16 所示。

荣威 e50 冷却系统如图 4-17 所示。

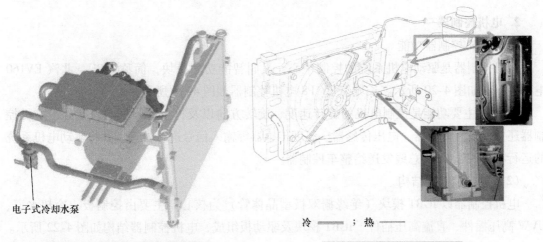

图 4-16 北汽 EV160 冷却系统　　图 4-17 荣威 e50 冷却系统

判断驱动电机的发热程度是用"温升"而不是用"温度"来衡量的，当"温升"突然增大或超过最高工作温度时，说明电机已发生故障。电机极限工作温度是由其绝缘材料的耐热等级来决定的，电机温度传感器通常采用内埋的方式布置在电机定子线圈内部，以此检测电机的工作温度，并作为控制电子水泵是否运转的主要依据。电机温度传感器如图4-18所示。

电机温度传感器为负温度系数传感器，电机温度过高可能导致电机严重损坏，当出现这种情况时应立即靠边停车。电机温度过高，车辆会进入跛行模式，限制转矩输出或强制停机。以北汽新能源EV160车型为例，当电机控制器监测到驱动电机温度传感器温度＜140℃时，降功率运行；温度≥140℃时，降功率至0，即停机状态。

（3）旋转变压器

旋转变压器是一种电磁式传感器，又叫同步分解器，简称旋变。用来测量驱动电机的转轴角位移和角速度，由激励绕组、余弦绕组和正弦绕组组成。旋转变压器如图4-19所示。

图4-18　电机温度传感器

图4-19　旋转变压器

2. 电机控制器

（1）电机控制器功能

电机控制器是驱动电机系统的控制中心，又叫智能功率模块，简称MCU。北汽EV160电机控制器如图4-20所示。长城WEY P8电机控制器如图4-21所示。

MCU的主要功能是控制电机的旋转速度、旋转方向以及再生能量回收。此外，电机控制器还要对电流传感器、电压传感器、温度传感器等输入信号进行处理，并将驱动电机系统的运行状态通过CAN总线发送给整车控制器。

（2）电机控制器结构

电机控制器以IGBT模块（绝缘栅双极型晶体管）为核心，主要由控制板、冷却水道、UVW高压插件、直流高压插件、IGBT模块及驱动板组成，电机控制器结构如图4-22所示。

电机控制器内部设有故障诊断电路，当诊断出系统异常时会激活一个错误代码，发送给整车控制器，同时也会存储该故障码和数据。

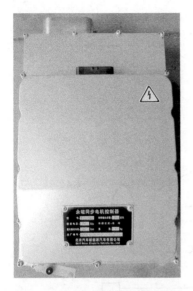

图 4-20 北汽 EV160 电机控制器

图 4-21 长城 WEY P8 电机控制器

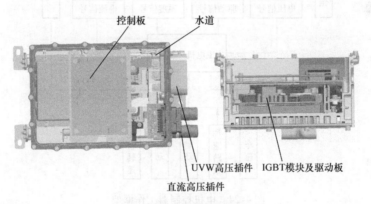

图 4-22 电机控制器结构

（3）电机控制器原理

电机控制器是通过调节电压大小、频率高低、相位变化等参数来控制电机的运转，即通过相应的电力转换来控制电机工作。所谓的电力转换就是直流与交流、电压与频率的转换。电力转换形式有交流→直流转换、直流→交流转换、直流→直流转换和交流→交流转换，如图 4-23 所示。

电机控制器接收档位开关、加速踏板位置、旋转变压器、制动等信号，经过判断和逻辑运算之后控制电机的正反转以及转速。电机控制器工作框架如图 4-24 所示。电机控制器主要包括控制电路板和驱动电路板两部分。控制电路板以信号采集、旋变解码、模数转换以及 CAN 通信功能为主，并计算出所需占空比，产生正弦 PWM（脉宽调制）信号。驱动电路板以电源控制、功率调节为主，通过 IGBT 向驱动电机输送 U、V、W 三相交流电。

IGBT 是由 BJT（双极型三极管）和 MOS（绝缘栅型场效应管）组成的复合全控型电压驱动式功率半导体器件。与其他电子元器件相比，IGBT 具有输入阻抗高、开关速度快、驱动电路简单、承受电压高、导通电流大等优点，已经广泛用于各种变频器和调速电路中。

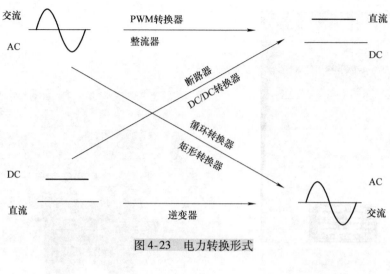

图 4-23 电力转换形式

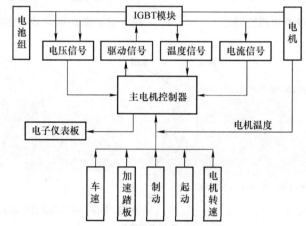

图 4-24 电机控制器工作框架

IGBT 最常见的应用形式不是单管而是模块，将多个 IGBT 芯片以绝缘的方式组装到金属基板上，利用空心塑料壳封装。IGBT 模块如图 4-25 所示。

多个 IGBT 芯片并联后的电流规格更大，按照特定的电路形式进行组合可以减少外部电路连接的复杂性。把多个 IGBT 芯片布置在同一个金属基板上，相当于在独立的散热器与 IGBT 芯片之间增加了一块均热板，工作更可靠。模块中多个 IGBT 芯片之间的内部连接与多个独立的单管进行外部连接相比，大大简化了电路布局，并且模块的外部引线端子更适合高电压和大电流连接。

图 4-25 IGBT 模块

新能源汽车电机控制器主要是通过脉冲宽度调制（PWM）的方式控制 IGBT 工作，从而将电流从 DC 转换到 AC（电池到驱动电机）或者从 AC 转化到 DC（驱动电机到电池）。IGBT控制电路如图 4-26 所示。

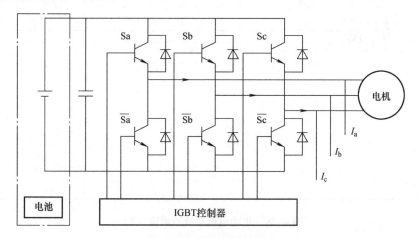

图 4-26　IGBT 控制电路

3. 电机系统数据流分析

利用诊断仪可以读取驱动电机转速、IGBT 模块温度、驱动电机温度以及电压电流等数据。新能源汽车实车运行数据如图 4-27 和图 4-28 所示（以北汽 EV160 为例）。

例 >> EV160-2016款 >> 系统选择 >> 驱动电机系统(MCU)(2017年4月1日以前生产) >> 数据流		
名称	当前值	单位
直流母线电压	328.00	V
直流母线电流	0.32	A
驱动电机目标转矩命令	0.00	N·m
驱动电机目标转速命令	-1.0	r/min
驱动电机当前转矩	0.00	N·m
驱动电机当前转速	-0.4	r/min
A相IGBT模块当前内部温度	33	℃
B相IGBT模块当前内部温度	33	℃
C相IGBT模块当前内部温度	33	℃
MCU当前散热底板温度	45	℃
驱动电机当前温度	29	℃
D轴电流给定值	0.00	A
D轴电流反馈值	1.16	A
Q轴电流给定值	0.00	A
Q轴电流反馈值	-0.12	A
D轴电压	1.28	V

图 4-27　驱动电机系统数据流（1）

二、任务实施

1. 实施准备

（1）实训物品准备

1）新能源汽车整车。

2）车辆防护用品三件套。

3）警示隔离带。

4）万用表。

名称	当前值	单位
Q轴电压	17.80	V
转子位置电角度	72.0	°
转子位置初始角度	321.0	°
MCU低压供电电源电压	14.28	V

例 >> EV160-2016款 >> 系统选择 >> 驱动电机系统(MCU)(2017年4月1日以前生产) >> 数据流

图4-28 驱动电机系统数据流（2）

5）维修手册。
6）故障诊断仪。
7）车辆举升机。

（2）安全注意事项

1）任务实施场地拉设警示隔离带。
2）关闭点火开关，断开低压电池负极连接线。
3）在前机舱内放置高压安全用电警示牌。
4）严禁用手直接触摸动力电缆（橙色部分）。
5）举升车辆时，必须规范操作举升机。

2. 实施内容

1）旋转变压器检测。
2）驱动电机系统数据流读取。

3. 实施记录

1）检测旋转变压器，任务实施记录单见表4-4。

表4-4 任务实施记录单（1）

序号	绕组名称	北汽EV160	荣威e50	比亚迪e6
1	励磁绕组			
2	正弦绕组			
3	余弦绕组			

2）读取驱动电机系统数据流，任务实施记录单见表4-5。

表4-5 任务实施记录单（2）

序号	数据流名称	当前值	单位
1	直流动力电缆电压		V
2	直流动力电缆电流		A

（续）

序号	数据流名称	当前值	单位
3	驱动电机目标转矩命令		N·m
4	驱动电机目标转速命令		r/min
5	驱动电机当前转矩		N·m
6	驱动电机当前转速		r/min
7	A相IGBT模块当前温度		℃
8	B相IGBT模块当前温度		℃
9	C相IGBT模块当前温度		℃
10	MCU当前散热底板温度		℃
11	驱动电机当前温度		℃
12	MCU低压供电电压		V

三、任务检验

1. 自检

参与实训练习的学员自我完成质量检验。

2. 互检

由完成相同实操练习项目的学员相互进行质量检验。

3. 终检

由专职质量管理人员（教师）进行专业检查。

四、教学评估

由教师依据教学目标对教学过程及结果进行价值判断。

任务三 驱动电机及控制系统故障维修

情境导入

张先生的新能源汽车在行驶过程中，突然仪表板上一个故障警告灯点亮了，于是将车辆开至4S店进行检修。

张先生：这故障灯点亮是什么意思呢？

技师王：这个故障灯点亮代表的是驱动电机温度过高，当驱动电机的温度过高时会自动点亮该故障灯。此时系统会降低车辆的输出功率，进入跛行模式，如果驱动电机的温度继续升高，则中断动力输出，车辆将无法行驶。

> **学习目标**
> 1. 能够完成电机控制器总成拆装。
> 2. 能够完成驱动电机绕组检测。

一、相关知识

1. 电机控制器总成拆装

电机控制器主要有电动/发电模式控制、转矩控制、故障检测与保护、CAN 通信以及诊断功能。常见故障有内部传感器损坏、控制电路板失效、IGBT 模块失效等。故障现象均为车辆无法行驶，同时仪表上面的电机故障灯点亮。以北汽新能源 EV160 车型为例，电机控制器拆装步骤如下（先穿戴好高压安全防护用品）：

1）关闭点火开关，拆卸低压蓄电池负极，并用绝缘胶带包裹蓄电池负极连接线。
2）完成高压断电、验电与放电操作（有维护插接器的，一定要先拆卸维护插接器）。
3）放出冷却液，拆卸电机控制器冷却液管路，如图 4-29 所示。
4）拆卸电机控制器低压线束，如图 4-30 所示。

图 4-29　拆卸电机控制器冷却液管路

图 4-30　拆卸电机控制器低压线束

5）拆卸电机控制器高压线束，并用万用表测量有无剩余电压，利用放电工装释放剩余电压。
6）拆卸电机控制器的固定螺栓，然后取下电机控制器。
7）检查电机控制器线束插接件端子有无弯曲变形或导线环脱落现象，如图 4-31 所示。
8）按照与拆卸相反的顺序安装电机控制器，然后添加同型号的冷却液至规定的液面高度。

图 4-31　检查电机控制器接线端子

9）车辆复位后打开点火开关，检查上电是否正常，路试车辆运转是否正常。

2. 驱动电机检测

驱动电机检测主要有缺相检测和绝缘检测两种。当在整车上进行驱动电机的任何检测项目前，必须要穿戴高压安全防护用品，断开低压蓄电池负极，拆下维护插接器，并释放高压部件的剩余电压，严禁带电操作。以江淮 iEV6S 车型为例驱动电机，如图 4-32 所示。

（1）电机缺相检测

电机缺相是指电机内部某相绕组线圈发生不通电，阻值过大或过小的故障，其主要原因为某相线圈烧蚀、线圈断路或接线端子烧蚀等。

1）拆卸驱动电机高压接线盒盖板。

2）检查电机动力电缆接头有无烧蚀现象，如图 4-33 所示。

图 4-32 江淮 iEV6S 驱动电机

图 4-33 检查电机动力电缆接头

3）拆卸 U、V、W 三相线，用万用表电阻档分别测量 AB、BC、AC 之间的阻值，相互之间的差值大于 0.5Ω 即判定为电机缺相，需要更换驱动电机。

（2）电机绝缘检测

电机发生绝缘故障通常是由于电机内部进水、绝缘层受热失效或绕组烧蚀对地短路等原因引起的。当电机发生绝缘故障时，往往会报出电机控制器故障或整车绝缘故障，进行电机绝缘检测时必须断开高压线路，用兆欧表对其进行绝缘检测。

1）打开电机接线盒盖板，拆卸动力电缆，将线缆与安装底座完全分离，如图 4-34 所示。

2）绝缘表选择测试电压 500V 量程，分别测量三相绕组的对地绝缘阻值，测试结果均应大于 $20M\Omega$。若低于此值，说明驱动电机损坏，需进行更换。

图 4-34 拆卸动力电缆

3. 电机控制器常见故障维修

电机控制器常见故障及维修方法见表 4-6。

表 4-6 电机控制器常见故障及维修方法

序号	故障现象	可能原因	维修方法
1	电机运行不平稳，发生抖动	1. 相序不对 2. 电机缺相 3. 位置传感器故障	1. 检查控制器与电机的三相出线连接是否正确，是否与出线上的标记对应 2. 检查控制器与电机三相接线可靠连接 3. 检查电机位置信号连线是否完好，插头是否接触良好，以及端子是否完好
2	踩下加速踏板，电机不转	1. 控制信号未输入 2. 位置传感器故障 3. 控制器温度过高	1. 检查各开关信号是否到达控制器，以及加速踏板位置传感器供电是否正常，输出是否正常 2. 检查电机位置传感器连线是否完好，插头是否接触良好，以及端子是否完好 3. 控制器温度过高将触发过温保护，等待控制器温度下降到正常值，并检查风扇
3	档位挂上后，在未踩加速踏板的情况下电机开始旋转，或踩加速踏板时感觉空行程过大	1. 加速踏板位置传感器输出电压过高 2. 加速踏板位置传感器输出电压过低	更换符合控制器要求的加速踏板位置传感器
4	仪表无档位和转速信号，车辆可以正常运行	1. 电机控制器 CAN 总线通信故障 2. 仪表故障 3. 线束故障	1. 检查电机控制器插接件是否接触良好，以及端子是否完好 2. 检查仪表及线束是否正常
5	没有故障码，车辆不能运行	1. 电机控制器故障 2. 换档机构故障 3. 制动踏板故障	1. 检查电机控制器插接件是否接触良好，端子是否完好 2. 将变速杆换到前进档或倒档，检查档位信号是否正常，否则为换档机构故障 3. 在不踩制动踏板的情况下，检查制动信号是否有 12V 信号，如果有则说明制动踏板有故障
6	电机控制器有异响	电机控制器风扇	检查电机控制器风扇的防护罩，是否有凹陷或松动
7	车辆正常运行过程中，突然出现动力中断，或者车辆时而能运行时而不能运行	1. 电机控制器 2. 换档机构 3. 制动踏板	1. 在故障出现时查看故障码，确认故障 2. 将档位分别置于空档、D 档和 R 档，看仪表显示是否正确，若不正确，则检查档位控制器 3. 检查制动踏板信号发生故障时电压是否为 12V

注：如需拔插电机控制器上高压插接件时，必须在点火开关打到 OFF 位置，并拆卸低压蓄电池负极，断开动力电池高压 25s 后确定系统已断电，再进行相关操作。如遇到其他情况不能确认原因，请及时联系厂家相关技术人员。

4. 驱动电机常见故障维修

驱动电机常见故障及维修方法见表 4-7。

5. 减速器常见故障维修

减速器常见故障及维修方法见表 4-8。

表 4-7 驱动电机常见故障及维修方法

序号	故障现象	可能原因	维修方法
1	车辆无法运行，报故障码	1. 相序不对或三相插接件未接好 2. 电机旋转，变压器线或插接件损坏	1. 检查电机控制器与电机的三相线连接是否正确，是否与出线上的标记对应 2. 检查控制器与电机三相线连接是否牢固 3. 检查电机位置信号连线是否完好，插头是否接触良好，端子是否完好 4. 若故障码一直存在，则有可能是控制器出现故障
2	起动车辆抖动，无法加速	1. 相序不对或三相插接件未接好 2. 电机传感器位置偏离	1. 检查电机控制器与电机的三相线连接是否正确，是否与出线上的标记对应 2. 检查控制器与电机三相线是否牢固 3. 若确认电机插接件都没有问题，则说明电机位置传感器偏离，否则说明电机有故障
3	车辆加速时或速度在 50~80km/h 出现"嗡嗡"的剧烈异响	电机轴承损坏	若加速时发生异响，一般电机故障的可能性较大；若只在滑行时产生异响，加速时没有，则说明减速器出现故障的可能性较大
4	车辆无法运行，检测发现绝缘故障	1. 电机三相线绝缘故障 2. 电机内部绕组绝缘故障	确定为电机故障
5	电机漏油	1. 电机油封损坏 2. 减速器与电机装配螺栓松动	1. 检查漏油点部位，如在电机与减速器连接端面处，则检查螺栓松动 2. 如果漏油处在电机端盖与电机机壳缝隙处，则可能为电机油封损坏，需更换油封并清理电机内部（该故障一定要及时处理，以免减速器油进入电机内部损坏电机轴承和绕组）

表 4-8 减速器常见故障及维修方法

序号	故障现象	可能原因	维修方法
1	噪声过大或异响	1. 缺油，润滑不良 2. 齿轮油黏度低 3. 齿面损伤或磨损过大造成齿侧间隙过大 4. 轴承损坏 5. 减速器箱体受压或撞击变形 6. 若转弯时噪声增大或声音异常，为减速器内齿轮啮合不良、受阻、磨损、缺油等	更换减速器
2	电机转，但是车轮不转	1. 齿轮组合件配合过松打滑 2. 减速器内的行星齿轮啮合不良（磨损过大）而打滑 3. 行星齿轮轴断裂	更换减速器

（续）

序号	故障现象	可能原因	维修方法
3	减速器漏油	从电机端漏油： 1. 油封紧箍弹簧掉出 2. 油封主唇破损或磨损	更换油封
		减速箱体盖之间的端面漏油： 1. 箱体之间的衬垫损坏 2. 箱体或箱盖端面不平整，有凸点 3. 箱体或箱盖扭曲变形 4. 箱体之间的固定螺栓松动	更换减速器壳体
		半轴接合处漏油： 跟半轴配合的骨架油封损坏	更换油封

二、任务实施

1. 实施准备

（1）实训物品准备

1）新能源汽车整车。

2）车辆防护用品三件套。

3）高压安全防护用品。

4）警示隔离带。

5）车辆举升机。

6）维修手册。

7）绝缘工具。

8）放电工装。

9）万用表。

10）绝缘表。

（2）安全注意事项

1）任务实施场地拉设警示隔离带。

2）关闭点火开关，断开低压电池负极连接线。

3）在前机舱内放置高压安全用电警示牌。

4）拆卸维护插接器，并等待 10min 以上。

5）严禁用手直接触摸动力电缆（橙色部分）。

6）举升车辆时，必须规范操作举升机。

2. 实施内容

1）电机控制器电路图拆画。

2）电机缺相和绝缘检测。

3. 实施记录

1）电机控制器电路原理图如图 4-35 所示。

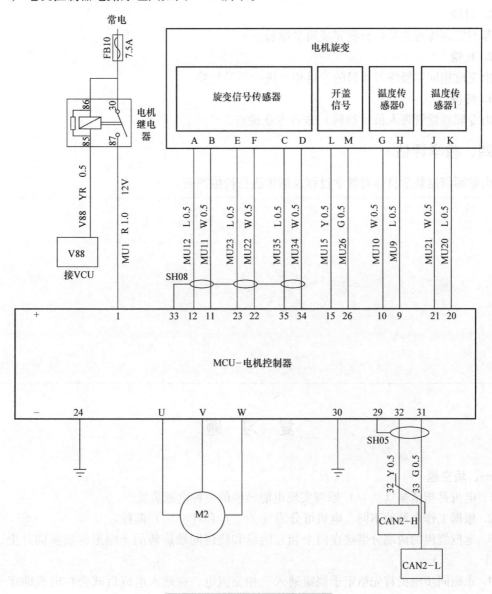

图 4-35　电机控制器电路原理图

2）驱动电机检测。完成驱动电机的缺相检测和绝缘检测，然后填写任务实施记录单，见表 4-9。

表 4-9　任务实施记录单

序号	绕组名称	缺相检测	绝缘检测
1	AB 绕组		
2	BC 绕组		
3	AC 绕组		

三、任务检验

1. 自检

参与实训练习的学员自我完成质量检验。

2. 互检

由完成相同实操练习项目的学员相互进行质量检验。

3. 终检

由专职质量管理人员（教师）进行专业检查。

四、教学评估

由教师依据教学目标对教学过程及结果进行价值判断。

复 习 题

一、填空题

1. 电机是指依据（   ）原理实现电能转换的一种电磁装置。
2. 根据工作电源的不同，电机可分为（   ）和（   ）两种。
3. 电枢绕组的两端分别接在两个相互绝缘和绕组同轴旋转的半圆形铜质换向片上，组成一个（   ）。
4. 永磁同步电机首先给定子绕组通入三相交流电，在通入电流后就会在电机的定子绕组中形成（   ）。
5. 磁阻原理电机的运动是由转子、定子之间（   ）的变化产生的。
6. 根据车辆不同的运行状态，新能源汽车的驱动电机具有（   ）和（   ）两种工作模式。
7. 旋转变压器是一种（   ），又称同步分解器，简称旋变。
8. 驱动电机的检测主要有（   ）和（   ）两种。
9. 新能源汽车的电机冷却系统冷却水泵为电子式，由（   ）电源驱动水泵运转。
10. 电机极限工作温度是由其（   ）的耐热等级来决定的。

二、判断题

(   ) 1. 驱动电机系统是新能源汽车的三大核心部件之一，是车辆行驶的执行机构。

(   ) 2. 根据电机的结构和工作原理可分为直流电机、异步电机和同步电机。

(   ) 3. 直流电机是指把直流电能转换成机械能或将机械能转换成直流电能的旋转电机。

(   ) 4. 用来形成 N 极和 S 极的绕组称为励磁绕组。励磁绕组中的电流称为励磁电流。

(   ) 5. 永磁同步电机采用永磁体来产生气隙磁通量，永磁体代替了直流电机中的磁场线圈和感应电机中定子的励磁体。

(   ) 6. 同步电机属于交流电机，定子绕组与异步电机的定子绕组相同。

(   ) 7. 交流感应电机又称异步电机，即转子置于旋转磁场中，在旋转磁场的作用下，获得一个转动转矩使转子转动。

(   ) 8. 电机的散热方式主要有自然冷却和液体冷却两种。

(   ) 9. 电机控制器是驱动电机系统的控制中心，又称智能功率模块，通常简称为 MCU。

(   ) 10. IGBT 是指绝缘栅双极型晶体管。

项目五 整车控制系统

任务一 整车控制系统认知

> **情境导入**
>
> 某品牌的新能源汽车 4S 店在维修一辆事故车，整车控制器被撞坏了需要更换。
> **学徒李**：这个整车控制器在车上起什么作用呢？
> **技师王**：小李呀，你可别小瞧了这个整车控制器，它就相当于人的大脑，是新能源汽车的三大核心部件之一。整车控制器负责收集车辆的各种控制信号和运行数据，经过一系列的运算后发出控制指令，驱动车辆运行和动力电池充电等。

> **学习目标**
>
> 1. 了解整车控制功能结构。
> 2. 了解整车控制策略。

一、相关知识

1. 整车控制功能

整车控制器（VCU），是新能源电动汽车的三大核心部件之一，是整个车辆的控制中心，荣威 e50 和北汽 EV160 整车控制器分别如图 5-1 和图 5-2 所示。其主要功能是根据驾驶人的操作意愿和各系统实时状态，通过运算分析后做出决策，合理分配动能，控制车辆充电、加减速、能量回收以及故障检测等工作，使车辆运行在最佳状态。

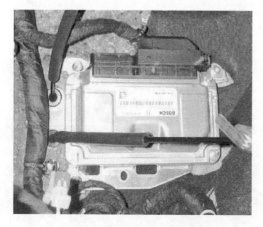

图 5-1　荣威 e50 整车控制器

图 5-2　北汽 EV160 整车控制器

整车控制器的工作流程是，首先进行工况判断，然后计算出转矩需求并发出控制指令，各系统将实时运行信息反馈给 VCU，以此来修正控制指令，信息传送采用 CAN 总线模式。整车控制系统的控制模式通常分为正常模式、跛行模式和停机保护模式三种。

（1）正常模式

正常模式是指车辆按照驾驶人的操作意愿、车辆负载以及行驶环境的变化，能够自行调节车辆的动力性、经济性和舒适性，是车辆的正常行驶状态。

（2）跛行模式

跛行模式是指当车辆的某个系统出现中度故障时，系统此时将不采纳驾驶人的加速请求，启动跛行模式即备用模式，此时最高车速通常在 10km/h 左右，可以维持车辆缓慢行驶至维修网点。

（3）停机保护模式

停机保护模式是当车辆的某个系统出现严重故障时，整车控制器此时无法控制车辆行驶，只能进入停机状态。

2. 整车控制策略

整车控制器通过各种传感器及控制器反馈的信息，判断当前车辆所处的运行状态，合理控制整车运行情况，整车控制系统结构如图 5-3 所示。

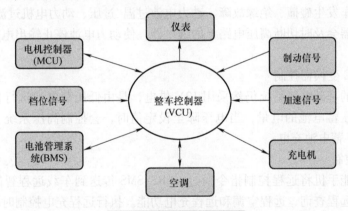

图 5-3 整车控制系统结构

（1）起停控制

点火开关置于 ON 档时，向 VCU 输送 12V 唤醒信号，VCU 控制主继电器给电机控制器和电池控制器供电，同时通过 CAN 总线发送相关命令，完成整车系统起动。

（2）高压供电控制

当整车控制器接收到上电开关、直流充电桩、车载充电机或远程智能终端的唤醒信号后，直接控制高压继电器吸合或断开，接通或断开高压系统。

（3）电机驱动控制

整车控制器根据加速踏板位置信号、档位信号和车速信号计算车辆的目标转矩，并通过 CAN 总线发送转矩需求指令给电机控制器。

（4）再生能量回收控制

再生能量回收是在车辆滑行或制动过程中，电机从驱动状态转变为发电状态，将车辆的动能转换为电能储存在动力电池中。当车辆在滑行或制动时，VCU 根据 ABS 状态、动力电池状态和制动踏板位置等信号，计算再生能量回收转矩并发送指令给电机控制器，启动再生能量回收功能。

（5）节能模式控制

整车控制器会根据电机状态、加速或制动踏板状态、空调状态、停车状态和节能（ECO）指令判断车辆是否能够进入节能模式。在 ECO 模式下，整车的加速性能会有所减弱，在滑行和制动过程中会加大能量回收效果。

（6）交流充电控制

当整车控制器判断车辆处于慢充模式时，根据动力电池的充电需求，向车载充电机发送充电指令，动力电池开始充电。

（7）快充控制

当车辆与快充设备连接时，充电设备发送充电唤醒信号给整车控制器，然后整车控制器根据充电需求向快充设备发送充电指令，动力电池开始充电。

（8）冷却系统控制

在车辆行驶状态下，整车控制器根据电机温度、IGBT 温度、冷却液温度和空调状态等信号，控制电子冷却水泵与散热风扇的运转。

（9）动力切断控制

当新能源汽车发生碰撞、绝缘故障、动力电池过温/过压、动力电机过流/过温等严重故障时，整车控制器会及时切断高压电路上的继电器，使动力电池停止输出电流，以确保人员和车辆的安全。

（10）DC/DC 变换器控制

新能源汽车的基础电气系统仍然采用 12V 供电，是由低压蓄电池进行供电的。整车控制器随时监测低压蓄电池的电量，当电压降至设定值时，会控制高压系统上电，通过 DC/DC 变换器给 12V 蓄电池充电。

（11）远程控制

用户使用智能手机将远程控制指令通过 GPRS/SMS 传送到车载远程智能终端，控制车辆相关部件实现远程查询、远程空调和远程充电功能。执行远程充电控制时，充电线缆必须先连接至车辆，且车辆必须处于无线信号能够覆盖的位置。

新能源汽车以整车控制器为核心，实时收集各系统的运行数据，经运算后发出控制指令，并监控运行状态，如有异常，立即启动故障模式。整车控制系统逻辑关系如图 5-4 所示。

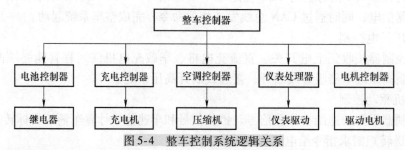

图 5-4 整车控制系统逻辑关系

3. 整车控制原理

（1）ON 档唤醒

当点火开关置于 ON 位时，VBU 集成控制器和 RMS 数据采集终端均会收到唤醒信号，使其开始工作，如图 5-5 所示。

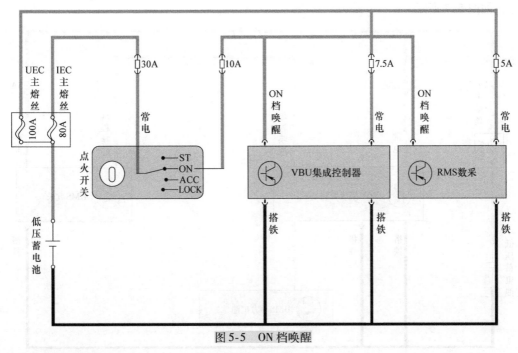

图 5-5　ON 档唤醒

（2）慢充唤醒

当车辆与慢充桩连接完成后，首先激活车载充电机，然后由车载充电机给 VBU 集成控制器和 RMS 数据采集终端发送慢充唤醒信号，如图 5-6 所示。

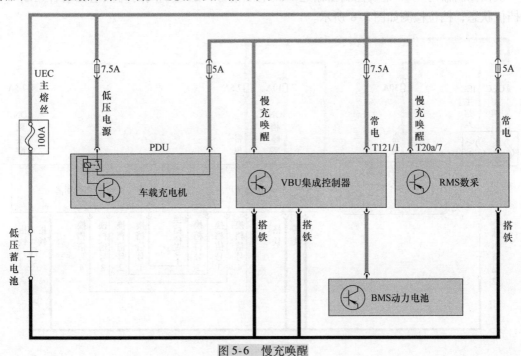

图 5-6　慢充唤醒

(3) 远程控制唤醒

车辆远程控制功能被激活以后,由 RMS 数据采集终端向 VBU 集成控制器发送远程唤醒信号,如图 5-7 所示。

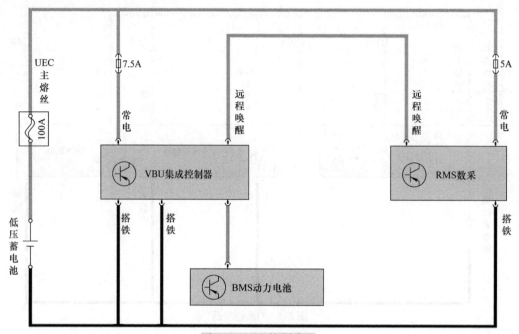

图 5-7 远程控制唤醒

(4) 档位检测

换档控制器向 VBU 集成控制器输送 4 路电压信号,通过不同的高低电位组合判断车辆的档位状态,档位检测如图 5-8 所示。

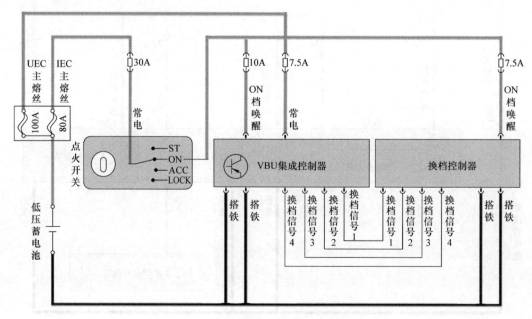

图 5-8 档位检测

（5）加速踏板位置检测

加速踏板位置传感器采用两组信号结构，同时向 VBU 集成控制器输送信号，如图 5-9 所示。信号 1 和信号 2 的电压随着加速踏板开度的增大而上升，两个信号成倍数关系。

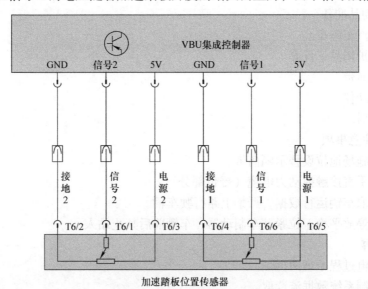

图 5-9　加速踏板位置检测

（6）真空泵控制

点火开关打开后，真空压力传感器持续向 VBU 集成控制器发送制动系统真空管路压力，当压力小于设定值时，由集成控制器驱动真空泵运转，如图 5-10 所示。

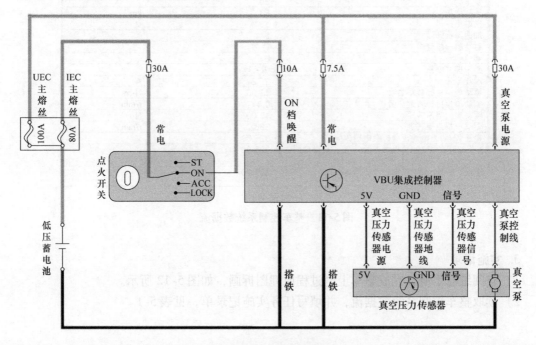

图 5-10　真空泵控制

二、任务实施

1. 实施准备

（1）实训物品准备

1）新能源汽车整车。

2）车辆防护用品三件套。

3）警示隔离带。

4）故障诊断仪。

5）维修手册。

（2）安全注意事项

1）任务实施场地拉设警示隔离带。

2）严禁用手直接触摸动力电缆（橙色部分）。

3）静态读取车辆运行数据，严禁上路行驶车辆。

4）将车辆停放平稳，拉紧驻车制动器，车辆前后禁止站人。

2. 实施内容

1）整车上电过程原理图拆画。

2）整车控制系统数据流读取。

读取整车控制系统数据流，实车读取的整车控制系统数据流如图5-11所示。

新能源>>车辆选择>>EV系列>>EV160-2016款>>系统选择>>整车控制器(VCU)>>数据流		
名称	当前值	单位
整车状态	30	
里程读数	63	km
供电电压	13.6	V
加速踏板开度	0%	
制动踏板信号	释放	
档位信号	E	
整车模式变量	运行	
母线电流	2.72	A
驱动电机目标转矩命令	13.00	N·m
驱动电机目标转速命令	0.8	r/min
驱动电机当前转矩	13.00	N·m
驱动电机当前转速	396.2	r/min
电压V1(动力电池正负极继电器内侧)	325.00	V
电压V2(动力电池负极继电器外侧,正极继电器内侧)	325.00	V
电压V3(动力电池正负极继电器外侧)	327.00	V

图5-11 整车控制系统数据流

3. 实施记录

1）查阅维修手册，完成整车上电过程原理图拆画，如图5-12所示。

2）读取整车控制系统数据流，并填写任务实施记录单，见表5-1。

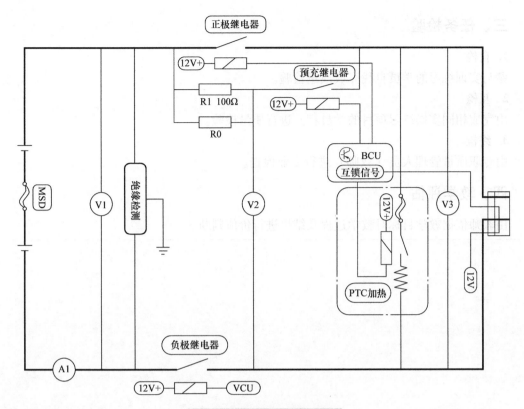

图 5-12　整车上电过程原理图

表 5-1　任务实施记录单

序号	项目名称	当前值	单位
1	整车状态		
2	里程读数		km
3	供电电压		V
4	加速踏板开度		%
5	制动踏板信号		
6	档位信号		
7	整车模式变量		
8	动力电缆电流		A
9	驱动电机目标转矩命令		N·m
10	驱动电机目标转速命令		r/min
11	驱动电机当前转矩		N·m
12	驱动电机当前转速		r/min
13	电压 V1		V
14	电压 V2		V
15	电压 V3		V

三、任务检验

1. 自检
参与实训练习的学员自我完成质量检验。

2. 互检
由完成相同实操练习项目的学员相互进行质量检验。

3. 终检
由专职质量管理人员（教师）进行专业检查。

四、教学评估

由教师依据教学目标对教学过程及结果进行价值判断。

任务二　高压附属系统

情境导入

某品牌新能源汽车4S店在承修一辆事故车。

学徒李：这辆车的快充线缆撞断了，能用普通电线替代吗？

技师王：新能源汽车高压系统有着几百伏的高压直流电，采用的绝缘材料要求极为严格。另外，由于汽车是一个不断高速运动的装置，行车环境也在不断地进行着温度高低和湿度大小的交替变化，所以还要求车辆自带绝缘检测功能，所以说新能源汽车高压系统的零部件必须严格按照厂家要求进行更换。

学习目标

1. 了解新能源汽车高压系统结构。
2. 了解高压配电盒的结构原理。
3. 了解DC/DC变换器的结构原理。
4. 了解高压互锁的结构原理。
5. 了解高压绝缘检测的原理。

一、相关知识

1. 高压系统结构

新能源汽车的高压系统主要包括动力电池、高压控制盒、快充线束、电机控制器、慢充线束、充电机、DC/DC 变换器、PTC 加热器以及空调压缩机等部件,如图 5-13 所示。

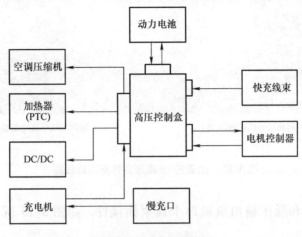

图 5-13　高压系统结构

特斯拉电动汽车高压系统组成如图 5-14 所示。

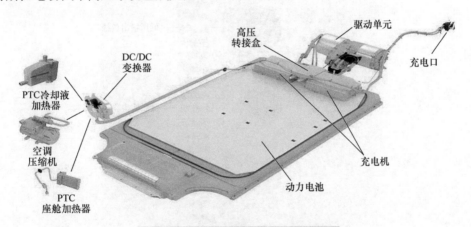

图 5-14　特斯拉电动汽车高压系统组成

2. 高压配电盒

高压配电盒简称高压盒,是新能源汽车的整车配电装置。来自于动力电池的高压直流电通过高压盒实现电源分配、接通以及断开的功能控制。比亚迪 e6 高压盒外部连接线路如图 5-15 所示(以比亚迪 e6 为例)。

3. DC/DC 变换器

DC/DC 变换器的主要作用是取代传统燃油车上面的 12V 发电机,在行车过程中控制动力电池向低压 12V 蓄电池充电,以满足车辆运行时低压用电设备的需要。广泛应用在 HEV、PHEV 和 EV 系统中,功率范围为 1.5~2.5kW。DC/DC 变换器主要有高压输入端、低压控

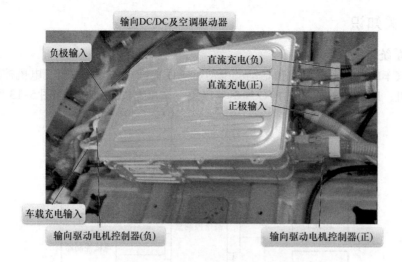

图 5-15　比亚迪 e6 高压盒外部连接线路

制端、低压输出正极和低压输出负极四个线束插接件，如图 5-16 所示（以北汽新能源 EV160 为例）。

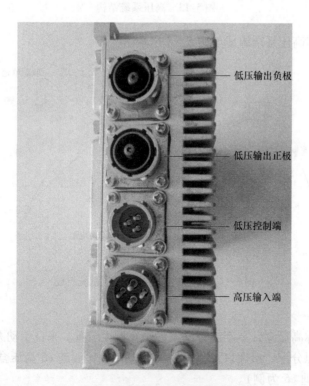

图 5-16　DC/DC 变换器线束插接件

DC/DC 变换器常见故障及维修方法见表 5-2。

表 5-2　DC/DC 变换器常见故障及维修方法

序号	故障现象	可能原因	维修方法
1	工作指示灯正常，测量输出端无电压输出	DC/DC 变换器输出端熔丝熔断	1. 点火开关 OFF25s 后，断开 DC/DC 变换器输出端正负极与 12V 铅酸蓄电池的连接 2. 再打开点火开关到 ON 档，检测 DC/DC 变换器输出端电压。若输出≤13V，则判定 DC/DC 变换器故障
2	DC/DC 变换器输出电压正常，工作指示灯显示不正常	DC/DC 变换器内部工作指示灯的驱动电阻故障	1. 点火开关 OFF25s 后，断开 DC/DC 变换器输出端正负极与 12V 铅酸蓄电池的连接 2. 再打开点火开关到 ON 档，检测 DC/DC 变换器输出端电压。若输出电压正常（>13V），指示灯仍不正常，则判定为 DC/DC 变换器故障
3	DC/DC 变换器无电压输出	1. DC/DC 变换器熔丝熔断或 BMS 中 DC/DC 变换器继电器未吸合 2. DC/DC 变换器输入欠压保护 3. DC/DC 变换器故障	1. 点火开关 OFF25s 后，首先断开 DC/DC 变换器输出端正负极与 12V 铅酸蓄电池的连接，再打开点火开关到 ON 档，检查 DC/DC 变换器是否正常工作 2. 若 DC/DC 变换器仍不工作，再将点火开关 OFF25s 后，断开 DC/DC 变换器高压输入端插件，然后再打开点火开关，测量 DC/DC 变换器高压线束端电压 3. 若高压输入端电压 < 200V，则 BMS 中 DC/DC 变换器熔丝熔断或继电器未吸合，需检查确认 BMS 是否正常 4. 若高压输入端电压 < 250V，则可能为 DC/DC 变换器欠压保护，检查动力电池电压是否正常 5. 若高压输入端电压 > 250V，说明 DC/DC 变换器故障

注意：测量高压输入端时，必须佩戴高压安全防护用品，非专业人士禁止操作。

4. 高压互锁

高压互锁（HVIL），也叫危险电压互锁回路，是指通过使用低压信号来监测新能源汽车上所有与高压动力电缆相连的各部分电路。高压互锁装置由高压电路、信号回路以及监测器等部件组成，如图 5-17 所示。当新能源电动汽车的动力电池、DC/DC 变换器、电机控制器、高压盒以及空调等高压系统连接的完整性遇到破坏时，车辆会及时启动安全措施，发出警告信号并切断高压电路，确保人员和车辆的安全。

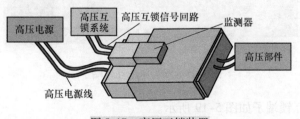

图 5-17　高压互锁装置

二、任务实施

1. 实施准备

（1）实训物品准备

1）新能源汽车整车。
2）高压安全用电警示牌。
3）高压安全防护用品。
4）车辆防护用品。
5）警示隔离带。
6）车辆举升机。
7）维修手册。
8）绝缘工具。
9）万用表。

(2) 安全注意事项

1）任务实施场地拉设警示隔离带。
2）关闭点火开关，断开低压电池负极连接线。
3）在前机舱内放置高压安全用电警示牌。
4）严禁用手直接触摸动力电缆（橙色部分）。
5）举升车辆时，必须规范操作举升机。

2. 实施内容

1）高压互锁装置认知（以北汽新能源 EV160 为例）。
2）整车控制器接线端子定义查找。

3. 实施记录

(1) 高压互锁装置认知

1）动力电池互锁端子如图 5-18 所示。

图 5-18　动力电池互锁端子

2）电机控制器互锁端子如图 5-19 所示。
3）高压盒互锁端子如图 5-20 所示。

(2) 整车控制器接线端子定义查找

1）荣威 e50 整车控制器端子如图 5-21 所示。
2）奇瑞新能源 eQ1 整车控制器端子如图 5-22 所示。

项目五 整车控制系统 | **115**

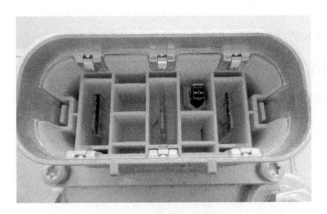

图 5-19 电机控制器互锁端子

图 5-20 高压盒互锁端子

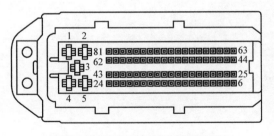

图 5-21 荣威 e50 整车控制器端子

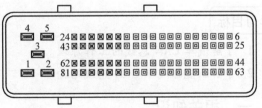

图 5-22 奇瑞新能源 eQ1 整车控制器端子

三、任务检验

1. 自检

参与实训练习的学员自我完成质量检验。

2. 互检

由完成相同实操练习项目的学员相互进行质量检验。

3. 终检

由专职质量管理人员（教师）进行专业检查。

四、教学评估

由教师依据教学目标对教学过程及结果进行价值判断。

任务三　CAN 总线系统

情境导入

张先生的新能源汽车在停放一周后出现无法起动故障，将车辆拖至 4S 店进行检修。

张先生：这辆车为什么不能起动了呢？

技师李：打开点火开关，仪表板上的 READY 灯不亮，并且动力电池的故障灯点亮。这说明车辆高压上电不正常，用诊断仪读取车辆故障信息，出现无法进行通信的提示，应先检修车辆的 CAN 总线系统。

学习目标

1. 了解汽车 CAN 总线的工作原理。
2. 了解新能源汽车 CAN 总线结构。

一、相关知识

1. CAN 总线工作原理

CAN 总线又称 CAN – BUS，是控制器局域网的缩写。它最早是由德国的博世公司及几个半导体生产商开发的，CAN 总线属于现场总线的范畴，是一种串行通信网络。

传统的信号传输方式为一对一控制，在每一根线路上只能传送互相独立的信号，如图 5-23 所示。随着车辆用电设备的增多，独立信号传输的方式使得汽车线束的数量不断增多、布线复杂、可靠性降低、维修起来也很困难。

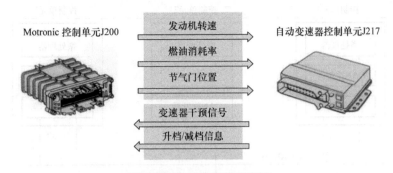

图 5-23　传统信号传输方式

CAN 总线数据传输方式是通过两根数据线实现双向数据传输，能够进行信息数据的大容量、高速度传输。所有的数据通过总线发送给各控制单元，由各控制单元中的信息收发器接收，然后进行相关的计算处理，如图 5-24 所示。它具有很高的网络安全性、通信可靠性、结构简单和成本低的特点，特别适用于汽车计算机控制系统。

图 5-24　CAN 总线数据传输方式

(1) CAN 总线系统结构

CAN 总线系统是将若干个控制单元并联到两条数据传输线上，每个控制单元内都设有一个微处理器、一个 CAN 控制器和一个信息收发器，除了数据传输总线以外，其他各元件都安装在各控制单元内部，如图 5-25 所示。

整个 CAN 总线系统有两个 120Ω 的终端电阻，分别装在两个控制单元内部，其作用是防止 CAN 总线信号产生反射现象。当终端电阻出现故障时，产生的线路反射信号会影响控制单元其他信号。

(2) CAN 总线数据传输原理

CAN 总线系统中传输的数据为二进制的数字信息，每条信息的格式都是相同的。CAN 总线数据由开始域、状态域、检查域、数据域、安全域、确认域和结束域组成，如图 5-26 所示。

每条数据都包含提供数据、发生数据、接收数据、检查数据和接受数据五个过程。当某个控制单元通过 CAN 总线向整个网络发送信息时，其他控制单元会有选择地接收。网络上所有控制单元都在不断地往 CAN 总线上发送各种信息，这就需要通过状态域的数值来区分优先权的大小。优先权大的数据首先发送，以便重要信息能够及时地接收使用。同一控制单元发出的信息其优先权和发送频率也不完全相同，以保证重要信息优先为原则。

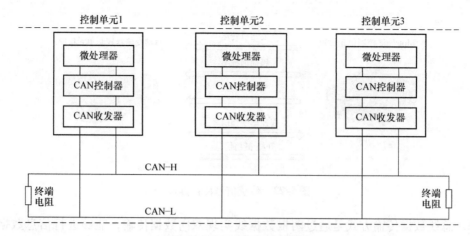

图 5-25　CAN 总线系统结构

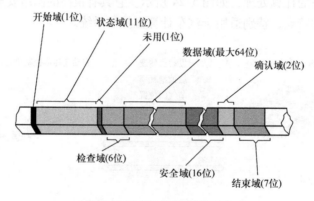

图 5-26　CAN 总线数据组成

(3) 汽车 CAN 总线系统

为了防止外界电磁场的干扰和向外辐射,CAN 总线采用 2 条导线缠绕在一起的方式,这 2 条线上的电位是相反的,分为 CAN – H 和 CAN – L 数据线。目前汽车上的网络连接方式主要采用 3 条 CAN 总线。一条用于动力驱动系统的高速 CAN,传输速率达到 500kbit/s,主要连接发动机、变速器、制动系统和组合仪表等,它们都是控制与汽车行驶直接相关的系统。动力系统 CAN 总线如图 5-27 所示,H 为橙/黑色,L 为橙/棕色。

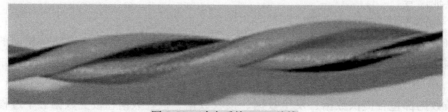

图 5-27　动力系统 CAN 总线

另一条叫作舒适 CAN,是用于车身系统的低速 CAN,传输速率为 10 ~ 125kbit/s。主要连接中控门锁与防盗装置、电动车窗、后视镜和车厢内照明灯等。舒适系统 CAN 总线如图 5-28 所示,H 为橙/绿色,L 为橙/棕色。

图 5-28 舒适系统 CAN 总线

第三条叫作信息娱乐 CAN，它主要负责卫星导航及智能通信系统，传输速率为 100kbit/s。信息娱乐系统 CAN 总线如图 5-29 所示，H 为橙/紫色，L 为橙/棕色。

这三个独立系统的总线由于传输速率不一样，需要通过设置网关在各个 CAN 系统之间搭建桥梁来实现资源共享。此外，CAN 系统还将各个数据总线的信息反馈到仪表显示屏上，驾驶人只要看仪表板就能够清楚地知道各个电控系统工作是否正常。

图 5-29 信息娱乐系统 CAN 总线

2. 新能源汽车 CAN 总线结构

新能源汽车 CAN 总线系统在原有本地 CAN 的基础上又增加了新能源 CAN、动力电池 CAN 和快充 CAN，其结构与工作原理一样。以荣威 e50 车型为例，CAN 总线包括高速 CAN1、高速 CAN2、本地 CAN1、本地 CAN2 和 LIN 总线。系统结构如图 5-30 所示。

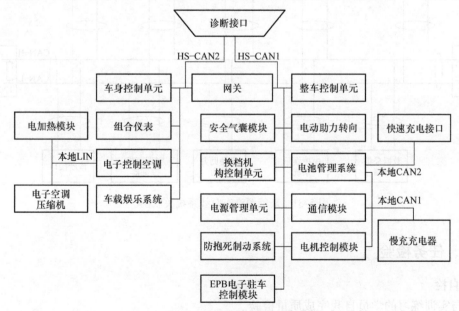

图 5-30 荣威 e50 CAN 总线结构

二、任务实施

1. 实施准备

（1）实训物品准备

1）新能源汽车整车。

2）车辆防护用品三件套。

3）高压安全用电警示牌。

4）警示隔离带。

5）维修手册。

（2）安全注意事项

1）任务实施场地拉设警示隔离带。

2）关闭点火开关，断开低压电池负极连接线。

3）在前机舱内放置高压安全用电警示牌。

4）严禁用手直接触摸动力电缆（橙色部分）。

5）严禁随意起动车辆，车钥匙由专人保管。

2. 实施内容

新能源汽车总线系统关联图拆画。

3. 实施记录

查阅维修手册，根据车辆的电路原理图拆画出总线系统的关联图，如图5-31所示。

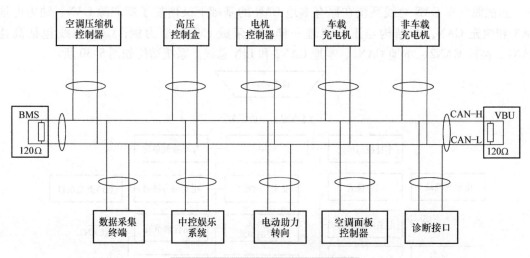

图5-31 新能源汽车总线系统关联图

三、任务检验

1. 自检

参与实训练习的学员自我完成质量检验。

2. 互检

由完成相同实操练习项目的学员相互进行质量检验。

3. 终检

由专职质量管理人员（教师）进行专业检查。

四、教学评估

由教师依据教学目标对教学过程及结果进行价值判断。

复 习 题

一、填空题

1. 整车控制器的英文缩写是（　　　）。整车控制器是新能源电动汽车的三大核心技术之一，是整个车辆的控制中心。

2. 执行（　　　　）充电线缆必须已经连接车辆，且车辆必须处于无线信号能够覆盖的位置。

3. 新能源汽车整车控制系统的行车控制模式主要有（　　）、（　　）和（　　）三种。

4. 新能源汽车高压互锁的英文缩写是（　　），也叫危险电压互锁回路。

5. CAN 总线系统的终端电阻阻值是（　　　　）。

6. 在 CAN 总线数据传输过程中（　　　）的数据首先发送。

7. 当总线系统传输速率不一样时，需要通过设置（　　　）在各个 CAN 系统之间搭建桥梁来实现资源共享。

8. 同一控制单元发出的信息其发送的频率也不完全相同，重要的信息（　　　）。

二、判断题

（　　）1. 新能源汽车的停机保护模式是指当车辆的某个系统出现严重故障时，整车控制器此时无法控制车辆行驶。

（　　）2. 整车控制器是通过 CAN 总线发送相关命令。

（　　）3. 高压配电盒简称高压盒，是新能源汽车的整车配电装置。

（　　）4. CAN 总线数据的传输方式是通过两根数据线实现双向数据传输。

（　　）5. 高压互锁装置是通过低压信号来检测车上与高压动力电缆相连的各部分电路。

（　　）6. CAN 总线系统主要由导线、控制器、收发器和终端电阻组成。

（　　）7. 传统信号传输方式为一对一控制，在每一根线路上只能传送互相独立的信号。

（　　）8. 新能源汽车 CAN 总线系统在原有本地 CAN 的基础上又增加了新能源 CAN、动力电池 CAN 和快充 CAN，其结构与工作原理一样。

项目六 车联网应用技术

任务一 车辆远程监控系统

【情境导入】

赵先生在某品牌的新能源电动汽车4S店选购车辆。

赵先生：听朋友说新能源汽车还可以用手机进行远程控制，是这样的吗？

技师刘：现在的新能源汽车已经与互联网融为一体了，能够通过手机App实现查询车辆位置、控制车辆某些功能的开闭以及远程控制车辆充电等功能。

【学习目标】

1. 了解车辆远程监控系统的作用。
2. 了解车辆远程监控系统的监控内容。

一、相关知识

1. 车辆远程监控系统作用

如今的汽车已经不再是一个单一的交通工具，越来越多的科技元素逐渐体现在各厂商的新款车型中，车联网已经和物联网一样成为许多汽车厂商和用户共同关注的领域。

车联网（IOV）是物联网在汽车领域的一个细分应用，2013年8月27日，由中国汽车工程学会发起的"车联网产业技术创新战略联盟"在北京正式成立。根据车联网产业技术创新战略联盟的定义，车联网是以车内网、车际网和车载移动互联网为基础，按照约定的通信协议和数据交互标准，在车-X（X是车、路、行人及互联网等）之间，进行无线通信和信息交换的大系统网络，是能够实现智能化交通管理、智能动态信息服务和车辆智能化控制的一体化网络，是物联网技术在交通系统领域的典型应用。

车辆远程监控系统能够为整车厂家的研发部门提供数据积累，为售后服务部门提供故障信息，同时也满足了政府部门对于新能源汽车的监控要求。政府部门对于新能源汽车的安全管理条例有工信部《新能源汽车生产企业及产品准入管理规则》、科技部《关于加强节能与新能源汽车示范推广安全管理工作的函》、北京市《电动汽车远程监控技术规范》以及上海《电动乘用车运行安全和维护保障技术规范》等相关文件。

车辆远程监控系统由车载数据采集终端和远程管理服务平台组成。车载终端通过CAN总线实时获取整车控制器的内部数据，采集动力电池及驱动电机等部件的运行数据，并结合GPS获取车辆位置和行驶速度等信息。然后将这些信息存储在车载终端的SD卡里面，最后通过GPRS/3G无线网络发送到远程管理服务平台，用户可以通过连接到网络的计算机对车辆运行数据进行监控和分析。远程监控系统能够为车辆的技术升级、生产运营、维修保养和安全管理提供精准的保障服务。

车载数据采集终端是一个电子控制单元，如图 6-1 所示（以北汽新能源 EV160 为例）。它能够实时监控并存储车辆的电池信息、电机控制器信息、整车信息、车辆运行状态信息以及故障信息等内容。远程管理服务平台实现对车辆的远程监控、故障诊断和信息服务。用户可以通过浏览器登录远程服务平台，对车辆进行管理以及获取相应的服务信息。

图 6-1　车载数据采集终端

车载数据采集终端上面有多个指示灯，每个指示灯代表不同的工作状态，见表 6-1。

表 6-1　车载数据采集终端指示灯说明

序号	指示灯名称	颜色	状态	说明
1	RUN	红色	闪烁，1Hz	终端运行正常
			其他	终端运行故障
2	GPRS	绿色	亮	GPRS 已登录
			灭	GPRS 未登录
3	GPS	绿色	亮	GPS 已定位
			灭	GPS 未定位
4	CAN1	绿色	亮	CAN1 接收到数据
			灭	CAN1 未接收到数据
5	CAN2	绿色	亮	CAN2 接收到数据
			灭	CAN2 未接收到数据
6	SD	绿色	亮	SD 卡正在记录数据
			闪烁，1Hz	SD 卡暂停记录数据
			闪烁，2Hz	SD 卡未格式化或容量已满
			灭	无 SD 卡或 SD 卡加锁（只读）

2. 车辆远程监控内容

车辆远程监控系统在输入主界面用户名和密码后即可开启汽车远程信息服务系统，然后输入某一车辆的底盘号后 8 位查询该车的运行数据，如图 6-2 所示（以江淮新能源汽车车辆远程监控系统为例）。

图 6-2　车辆远程监控系统

（1）远程监控系统操作界面

车辆远程监控系统的操作界面主要包括用户功能区、终端快捷搜索栏、页面导航、菜单导航和页面内容 5 个区域。

1）用户功能区。用户功能区主要用来显示登录信息和用户功能按钮，可以查看系统通知、用户邮件和退出系统。

2）终端快捷搜索栏。在终端快捷搜索栏输入终端号并按回车键，即可快速查询并显示该终端信息。

3）页面导航区域。页面导航区域显示当前打开的页面名称。

4）菜单导航区域。菜单导航区域是有分级层次的导航菜单，选中要打开的页面后，页面内容将显示在右侧的页面内容区域内。

5）页面内容区域。当进入车辆远程监控系统后，在页面内容区域的客户端列表中点击图标，选定想要观察的客户端，然后在选用实时监控、历史数据等功能时，都会看到该客户端相应的数据信息。

（2）实时监控信息

车辆远程监控系统实时监控车辆的运行数据信息，由客户端根据设置的策略进行数据上传，信息平台将收集到的数据进行分类实时显示，主要包括综合信息、整车信息、极值信息、电压报表、温度报表、电压状态图、温度状态图、总电压电流状态图以及卫星定位信息等内容。

1）综合信息。综合信息是指常用监控数据的集合。监控数据主要包括档位、充放电状态、总电压、总电流、SOC、电池组平均温度、电机控制器温度、最高电压、最低电压、电机控制器温度、电机电压、电机电流、电机转速以及运行模式等信息。综合信息显示方式示例见表 6-2。

表 6-2　综合信息显示方式示例

综合信息	整车信息	极值信息	电压报表	温度报表	温度范围	卫星定位
数据上报时间：						
档位	充放电状态	总电压		总电流	SOC	电池组平均温度
最高电压	最低电压	电机控制器温度		电机电压	电机电流	电机转速

2) 整车信息。整车信息监控数据包括档位、充放电状态、总电压、总电流、SOC、电池组平均温度、电机控制器温度、电机电压、电机电流、电机转速以及运行模式等内容。

3) 极值信息。极值信息监控数据主要包括最高电压电池组序号、最高电压单体蓄电池序号、单体电池最高电压、最低电压蓄电池组序号、最低电压单体蓄电池序号、单体电池最低电压、最高温度蓄电池组序号、最高温度探针序号、最高温度、最低温度蓄电池组序号、最低温度探针序号、最低温度、剩余能量以及电池绝缘电阻等内容。

4) 电压报表。电压报表监控数据为各组电池的实时电压情况。

5) 温度报表。温度报表监控数据为各组电池的实时温度情况。

6) 电压状态图。电压状态图以实时图形的方式展示各组电池的电压状态。

7) 温度状态图。温度状态图以实时图形的方式展示各组电池的温度状态。

8) 总电压电流状态图。总电压电流状态图以实时图形的方式展示总电压和总电流的变化趋势。

9) 卫星定位信息。卫星定位信息监控数据为车辆 GPS 卫星定位信息，主要包括经度、纬度、速度、方向、定位状态以及地图显示车辆当前位置等信息。

10) 历史数据。历史数据提供对车辆运行历史数据的查询检索，主要包括整车信息、极值信息、蓄电池电压、蓄电池温度以及卫星定位等历史数据。

11) 统计图表。统计图表是指根据车辆运行数据形成各类统计图表，协助用户进行数据比对和分析工作，主要包括电池电压对比统计图、电池温度对比统计图、电池包电压对比统计图、电池电压电流对比统计图、总电压变化情况统计图、总电流变化情况统计图以及 SOC 变化情况统计图等内容。

12) 警告信息。警告信息用来查询车载终端上报的报警信息，包括实时报警信息监控和历史报警信息查询两项内容。实时监控能够实时在线诊断，主动识别车辆的潜在故障，向客户发出人性化保养提示。历史警告信息能够按指定时间段查询车载终端的历史警告记录。警告信息根据故障的严重程度分为警告、一般、重要和严重四个警告等级。

二、任务实施

1. 实施准备

（1）实训物品准备

1) 新能源汽车整车。
2) 车辆防护用品三件套。
3) 警示隔离带。
4) 万用表。
5) 维修手册。

6）故障诊断仪。

7）车辆举升机。

（2）安全注意事项

1）任务实施场地拉设警示隔离带。

2）关闭点火开关，断开低压电池负极连接线。

3）在前机舱内放置高压安全用电警示牌。

4）严禁用手直接触摸动力电缆（橙色部分）。

5）举升车辆时，必须规范操作举升机。

2. 实施内容

车载数据采集终端指示灯说明。

3. 实施记录

任务实施记录单见表6-3。

表6-3 任务实施记录单

序号	指示灯名称	颜色	状态	说明
1	RUN	红色	闪烁，1Hz	
			其他	
2	GPRS	绿色	亮	
			灭	
3	GPS	绿色	亮	
			灭	
4	CAN1	绿色	亮	
			灭	
5	CAN2	绿色	亮	
			灭	
6	SD	绿色	亮	
			闪烁，1Hz	
			闪烁，2Hz	
			灭	

三、任务检验

1. 自检

参与实训练习的学员自我完成质量检验。

2. 互检

由完成相同实操练习项目的学员相互进行质量检验。

3. 终检

由专职质量管理人员（教师）进行专业检查。

四、教学评估

由教师依据教学目标对教学过程及结果进行价值判断。

任务二　手机 App 功能操作

情境导入

张先生想了解车辆的远程控制功能是如何操作的。
张先生：新能源汽车的远程控制功能怎么用呢？
技师李：新能源汽车的远程控制功能是通过手机 App 来实现的，需要用户下载安装 App，通常分为安卓版和 iOS 版两个版本。

学习目标

1. 了解新能源汽车的基本结构。
2. 掌握新能源汽车的部件功能。

一、相关知识

1. 手机 App 安装

新能源电动汽车的手机 App 通常分为安卓版和 iOS 版，需要用户根据手机型号自行选择安装版本。软件本身没有费用，但是当用户发送指令时会发送短信和上网，有可能会产生短信费和上网费用，具体费用则需要参照网络运营商的收费标准。

以江淮新能源汽车的手机 App 安装方法为例。首先在江淮官网上用微信扫描下载相应版本的 App 到手机上，然后按照提示安装应用，如图 6-3 所示。

当 App 安装完成后，手机屏幕会提示"安装完成"，此时打开 App，通过用户名和密码进行登录，用户名是车架号的后八位，密码为初始密码，如图 6-4 所示。

2. 手机 App 功能操作

当用户没有在车里而又想知道爱车的剩余里程、剩余电量、剩余充电时间的话，那么可以通过远程登录 App 进行查看。进入手机 App 之后，可以看到有状态、充电、空调、呼叫、联系和关于六个功能菜单，根据实际需求进行选择。

在"状态"栏可以查询车辆剩余里程、电池状态以及车辆充电信息等内容。在"充电"栏可以开启或关闭远程控制充电功能，如图 6-5 所示。

在"空调"栏可以打开或关闭空调系统，在"呼叫"栏可以进行车辆数据的上报，如

项目六 车联网应用技术 **129**

图 6-3 安装手机 App

图 6-4 打开手机 App

图 6-6 所示。

在"联系"栏会显示客服电话，可以联系经销商或 iEV 请求技术支持。在"关于"栏主要显示软件版本信息以及修改登录密码，如图 6-7 所示。

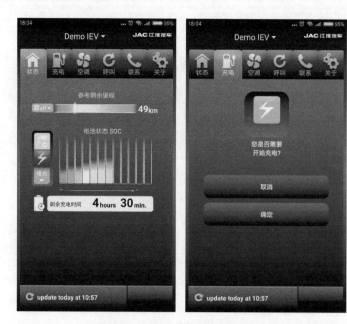

图 6-5 "状态"和"充电"功能

图 6-6 "空调"和"呼叫"功能

二、任务实施

1. 实施准备

(1) 实训物品准备

1) 新能源汽车整车。
2) 车辆防护用品三件套。

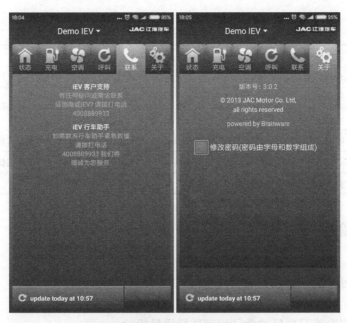

图 6-7 "联系"和"关于"功能

3）高压安全用电警示牌。
4）车主用户手册。
5）警示隔离带。
（2）安全注意事项
1）任务实施场地拉设警示隔离带。
2）严禁随意起动车辆，在车辆前后禁止站人。
3）严禁用手直接触摸动力电缆（橙色部分）。

2. 实施内容
1）数据采集终端部件认知。
2）手机 App 功能操作。

3. 实施记录
（1）数据采集终端部件认知
查阅维修手册，然后实车查找车载数据采集终端的安装位置，填写任务实施记录单，见表6-4。

表6-4 任务实施记录单（1）

序号	车型名称	安装位置
1	吉利知豆	
2	北汽 EC180	
3	众泰云100	

（2）手机 App 功能操作
用手机下载安装 App，然后进行功能操作，远程读取车辆信息，填写任务实施记录单，

见表6-5。

表6-5 任务实施记录单（2）

序号	功能操作	车辆状态
1	车辆状态	
2	车辆充电	
3	空调操作	
4	呼叫功能	（为避免给厂家造成不必要的麻烦，不建议实操该功能）
5	联系客服	（为避免给厂家造成不必要的麻烦，不建议实操该功能）
6	关于软件	

三、任务检验

1. 自检

参与实训练习的学员自我完成质量检验。

2. 互检

由完成相同实操练习项目的学员相互进行质量检验。

3. 终检

由专职质量管理人员（教师）进行专业检查。

四、教学评估

由教师依据教学目标对教学过程及结果进行价值判断。

复 习 题

一、填空题

1. （　　　　）能够为整车厂家的研发部门提供数据积累，为售后服务部门提供故障信息。

2. 车载终端通过（　　　）实时获取整车控制器的内部数据。

3. 车辆远程监控系统在输入主界面（　　　）和（　　　）后即可开启汽车远程信息

服务系统。

4. 车载数据采集终端上 GPRS 的绿色指示灯熄灭，表示（　　　）。

5. 在手机 App 的（　　　）可以开启或关闭远程控制充电功能。

二、判断题

（　　）1. 车载数据采集终端的 RUN 指示灯以 1Hz 的频率闪烁，说明终端运行正常。

（　　）2. 车辆远程监控系统的操作界面主要包括用户功能区、终端快捷搜索栏、页面导航、菜单导航和页面内容 5 个区域。

（　　）3. 当用户没有在车里而又想知道爱车的剩余里程、剩余电量、剩余充电时间的话，那么可以通过远程登录 App 进行查看。

（　　）4. 新能源汽车的手机 App 软件通常分为安卓版和 iOS 版。

（　　）5. 手机 App 的用户名是通常车架号的后八位。

项目七 辅助电气系统

任务一 空调制冷系统

情境导入

赵经理的新能源汽车空调不制冷了，来到4S店进行检修。

赵经理：新能源汽车的空调系统和传统汽车空调系统一样吗？

技师李：传统汽车的空调压缩机通过一根传动带由发动机产生的动力驱动，而新能源汽车的空调压缩机则是依靠高压电驱动的。除此以外，空调系统的其他部件和工作原理大致相同。

学习目标

1. 了解电控空调制冷系统的结构原理。
2. 了解电控空调制冷系统的维修流程。

一、相关知识

1. 空调制冷系统结构原理

（1）空调系统组成

汽车空调系统具有制冷、采暖、除霜、除雾以及通风换气的功能。新能源汽车的空调系统与传统燃油车的空调系统大致相同，主要由空调箱体、空调管路、电动压缩机、冷凝器、空调控制面板及其相关传感器等部件组成，如图7-1所示。最大的区别在于压缩机，新能源汽车的空调压缩机不再靠发动机驱动，而是通过高压电池提供的电能驱动其运转。

新能源汽车的空调压缩机靠电力驱动器，特斯拉电动空调压缩机如图7-2所示。长城 WEY P8 电动空调压缩机如图7-3所示。其转速可以通过空调控制器进行调节，转速调节范围为 0~4 000r/min，既保证了良好的制冷效果，又节省了电能。

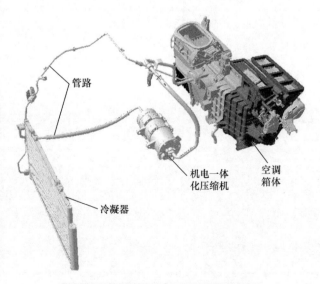

图7-1 新能源电动汽车空调系统组成

比亚迪 e6 电动空调压缩机其工作电压为 320V，制冷剂型号为 R134a，制冷剂加注量为 550g，压缩机油型号为 RL68H，压缩机油加注量为 120mL。

图 7-2　特斯拉电动空调压缩机

图 7-3　长城 WEY P8 电动空调压缩机

（2）空调系统工作原理

电动空调压缩机从蒸发器中抽出气态的制冷剂，然后将其以高压气态的形式压入冷凝器。高压气态的制冷剂经过冷凝器时释放热量转为液态，制冷剂流经膨胀阀在节流的作用下以雾状的形式进入蒸发箱，制冷剂在蒸发箱内吸收大量的热量迅速蒸发，转为低温低压的气态形式，再次被空调压缩机抽走，如此循环。与此同时，蒸发箱附近被冷却后的空气通过鼓风机吹入车厢，达到给车厢内降温的目的。

空调控制器是整个空调系统的核心部件，空调驱动器接收空调控制器的信息来控制空调压缩机和 PTC 加热器。空调控制器接收来自各个传感器以及空调控制开关的信息，经过运算处理后向空调驱动器和其他执行部件发送指令，完成车内温度的调节工作，新能源汽车空调系统框架结构如图 7-4 所示。

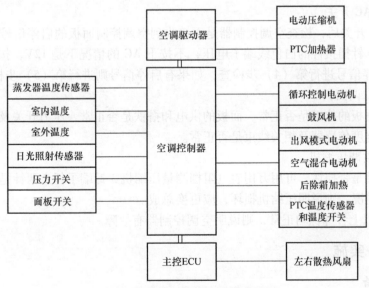

图 7-4　新能源汽车空调系统框架图

2. 电控空调制冷系统维修流程

新能源汽车空调系统的维修流程与传统燃油车的空调维修流程大致相同。以江淮 iEV5 车型为例，空调系统电路原理如图 7-5 所示。当空调系统出现故障时，应按照以下流程进行检修。

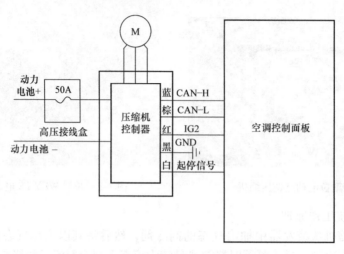

图 7-5　江淮 iEV5 空调系统电路原理图

（1）系统压力测量

在空调不开启的情况下平衡压力为 0.6MPa，如果管路压力过高或过低压缩机则无法工作，如果压力正常进行下一步检查。

（2）检查空调高压供电

检查高压接线盒内制冷断路器是否熔断，熔断则直接更换新的断路器。如断路器正常，说明空调高压供电正常，需要进行下一步检查。

（3）检查 AC 开关

当按下 AC 开关后，检查空调控制器是否接收到空调控制面板的启停信号，用万用表检测空调控制器 6 针插接件的白色线端子电压，不按下 AC 的情况下是 12V，按下 AC 后变为 0V。如果无启停信号进行第（4）步检查，如果有启停信号则进行第（5）步检查。

（4）检查空调面板

检查空调面板的按键是否正常，面板的供电和搭铁是否正常，压力开关及相关线束是否正常，蒸发箱温度传感器及相关线束是否正常。

（5）检查空调压缩机

检查压缩机是否损坏，可用万用表电阻档测量压缩机 3 针端子任意两针是否能导通，如能有不导通的情况，则说明压缩机损坏，应更换总成。

（6）如果以上各部件均正常，则说明空调控制器有故障。

二、任务实施

1. 实施准备

（1）实训物品准备

1）新能源汽车整车。

2）车辆防护用品三件套。

3）高压安全用电警示牌。

4）警示隔离带。

5）故障诊断仪。

6）维修手册。

7）空调压力测试表

（2）安全注意事项

1）任务实施场地拉设警示隔离带。

2）在前机舱内放置高压安全用电警示牌。

3）严禁用手直接触摸动力电缆（橙色部分）。

4）车钥匙由专人保管，严禁随意起动车辆。

5）测试空调系统压力时，禁止开动车辆上路行驶。

2. 实施内容

1）新能源汽车电控空调系统压力测量。

2）新能源汽车空调系统数据流读取。

3. 实施记录

1）测量空调系统管路压力，并记录和分析测量数据，见表7-1。

表7-1 空调系统压力检测

序号	测量项目	压力值/MPa	数值分析
1	平衡压力		
2	低压管路		
3	低压管路		

2）连接故障诊断仪，读取空调系统数据流，如图7-6所示。

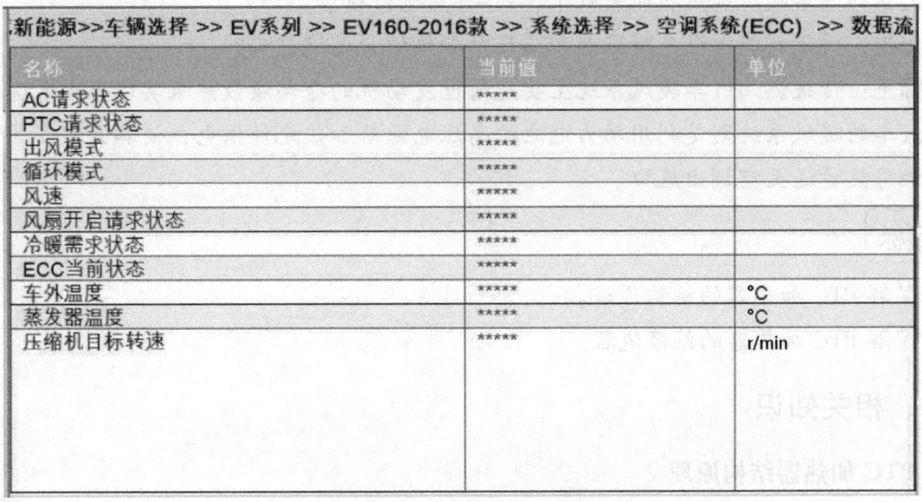
新能源>>车辆选择 >> EV系列 >> EV160-2016款 >> 系统选择 >> 空调系统(ECC) >> 数据流

名称	当前值	单位
AC请求状态	*****	
PTC请求状态	*****	
出风模式	*****	
循环模式	*****	
风速	*****	
风扇开启请求状态	*****	
冷暖需求状态	*****	
ECC当前状态	*****	
车外温度	*****	°C
蒸发器温度	*****	°C
压缩机目标转速	*****	r/min

图7-6 读取空调系统数据流

三、任务检验

1. 自检

参与实训练习的学员自我完成质量检验。

2. 互检

由完成相同实操练习项目的学员相互进行质量检验。

3. 终检

由专职质量管理人员（教师）进行专业检查。

四、教学评估

由教师依据教学目标对教学过程及结果进行价值判断。

任务二　PTC 加热器

情境导入

张先生的汽车暖风加热功能失效了，到 4S 店进行检修。

张先生：听说新能源汽车暖风是靠高压电加热的，是这样吗？

技师王：传统燃油汽车暖风系统主要是通过发动机的冷却液散热来实现车内升温的，而新能源汽车的暖风系统则是利用动力电池的高压电源给加热元件供电，使其升温发热，然后由鼓风机将热量送至空调出风口。

学习目标

1. 了解 PTC 加热器的结构原理。
2. 了解 PTC 加热器的维修流程。

一、相关知识

1. PTC 加热器结构原理

PTC 是正温度系数的英文缩写，是一种新型的热敏电阻材料，其主要用途有开关功能和发热功能两大类。PTC 具有性能稳定、升温速度快、受电源波动影响小等特点。制成的各种加热产品已经成为电阻丝类加热材料的理想替代品。目前已大量应用于汽车空调系统。

PTC 加热器是采用热敏陶瓷元件和波纹散热铝条经高温胶粘而成，具有热阻小、换热效率高等优点，是一种自动恒温、节省电能的电加热器产品。它最大的突出特点是安全性能好，任何情况下都不会发生类似于电热管类加热器表面"发红"的现象，从而引起烫伤或火灾等安全隐患。

PTC 加热器的温度调节是靠自身材料特性，不需要专门温度传感器进行温度反馈。加热器本体的设计加热温度在 200℃ 以下有多档次，任何情况下使用均不发红且有保护隔离层。加热器的电能消耗小，高发热效率的材料也大幅提升了电能的利用效率。

PTC 加热器可从小功率到大功率之间任意设计，外形也可按要求设计，还具有升温迅速、使用寿命长以及电压使用范围宽，可在 12~380V 之间根据需要进行设定等优点。新能源汽车制热方式主要有 PTC 水加热器和 PTC 加热两种。

（1）PTC 水加热器

PTC 水加热器是通过加热冷却液的方式完成车辆制热功能。先利用水泵将储液壶里面的冷却液泵入 PTC 水加热器内，然后由 PTC 对其进行加热，加热后的冷却液流经暖风水箱使周围的空气温度上升，通过鼓风机将热量输送至空调出风口，以此提高车内温度，最后冷却液再流回储液壶，如此循环。PTC 水加热器系统结构如图 7-7 所示。

（2）PTC 加热

PTC 加热器安装在空调蒸发箱上面，主要由控制器、散热器、加热元件以及塑料框架等部件组成。PTC 加热器外观如图 7-8 所示。

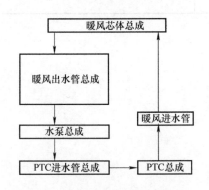

图 7-7　PTC 水加热器系统结构

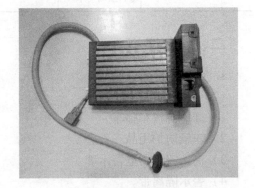

图 7-8　PTC 加热器

PTC 加热器由两组波纹铝制半导体材料组成。空调控制器可以使两组独立或同时工作，以满足车辆的加热需求。PTC 加热器结构如图 7-9 所示。

空调控制器接收空调面板的加热请求信号，并采集车内外温度等信号，控制加热器工作。空调控制器与 VCU 通过 CAN 总线完成交互信息，当发生异常时可以及时发出警告信号并作出响应。新能源汽车各车型所采用的 PTC 加热器原理基本相同。PTC 加热器主要技术指标见表 7-2。

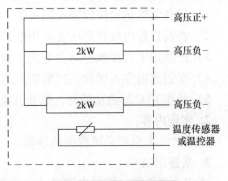

图 7-9　PTC 加热器结构

表7-2 PTC加热器主要技术指标

序号	项目	技术指标
1	额定电压	动力电池总电压
2	额定功率	3.5kW
3	冷态最大起始电流	20A
4	单级冷态电阻	80~300Ω

2. PTC加热器维修流程

PTC加热器常见故障原因分析与排除方法见表7-3。

表7-3 PTC加热器常见故障原因分析与排除方法

序号	故障类型	故障现象	故障原因	排除方法
1	PTC不工作	开启加热模式后，出风口仍为冷风	1. 冷暖模式设置错误 2. PTC加热器本体断路 3. PTC控制电路断路 4. PTC加热器断路器烧蚀 5. PTC控制器损坏	1. 检查空调冷暖设置旋钮是否选择制热功能 2. 测量PTC本体阻值 3. 检查PTC高压断路器 4. 更换PTC加热器
2	PTC过热	空调出风口温度异常升高或有塑料焦煳气味	PTC控制模块内部IGBT损坏，发生短路故障	切断高压电路，更换PTC控制模块

二、任务实施

1. 实施准备

（1）实训物品准备

1）新能源汽车整车。

2）车辆防护用品三件套。

3）高压安全用电警示牌。

4）警示隔离带。

5）维修手册。

（2）安全注意事项

1）任务实施场地拉设警示隔离带。

2）在前机舱内放置高压安全用电警示牌。

3）严禁用手直接触摸动力电缆（橙色部分）。

4）车钥匙由专人保管，严禁随意起动车辆。

5）操作PTC加热功能时，禁止开动车辆上路行驶。

2. 实施内容

新能源汽车空调系统数据流读取。

3. 实施记录

查阅维修手册，拆画空调系统电路原理图，如图7-10所示。

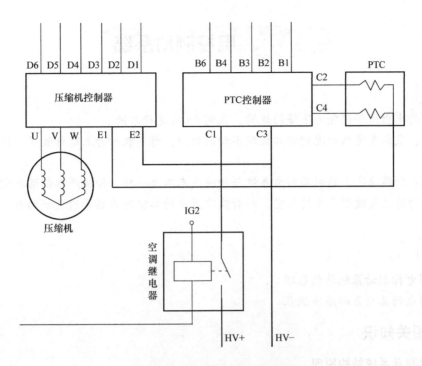

图 7-10　空调系统电路原理图

三、任务检验

1. 自检
参与实训练习的学员自我完成质量检验。
2. 互检
由完成相同实操练习项目的学员相互进行质量检验。
3. 终检
由专职质量管理人员（教师）进行专业检查。

四、教学评估

由教师依据教学目标对教学过程及结果进行价值判断。

任务三　电控制动系统

情境导入

张先生的车出现制动能力下降的故障，来到4S店进行维修。

张先生：我的车突然出现制动踏板踩不动的故障，都不敢开着上路行驶了，这是什么原因呢？

技师王：新能源汽车的制动助力系统与传统汽车不太一样，传统汽车制动真空助力是利用发动机运转时进气歧管产生的真空，而新能源汽车的真空助力则是通过制动真空泵来产生真空的。

学习目标

1. 了解电控制动系统结构原理。
2. 了解电动真空泵的维修流程。

一、相关知识

1. 电控制动系统结构原理

在传统燃油车上，为了增强制动效果和提高制动液压力，通常利用真空泵放大驾驶人脚踩制动踏板的力量，真空源来自发动机运转时进气歧管产生的负压。而新能源汽车则不能利用该方式产生真空，需要设置专用的电动真空泵，以满足制动系统的需要。新能源汽车制动系统主要由真空助力器、ABS控制器、电动真空泵以及车轮制动器等部件组成。新能源汽车的电动真空助力系统包括电动真空泵、真空罐和真空压力传感器。电动真空泵用12V电压驱动，通过ABS控制器控制其工作。北汽EV160电动真空泵如图7-11所示。

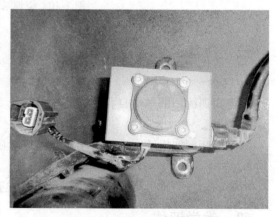

图7-11　北汽EV160电动真空泵

真空系统的真空源来自电动真空泵，随着制动和真空泵的工作状态不同，真空度也相应地发生变化，这种变化将会影响制动系统的正常工作，所以给制动系统设置一个真空罐。北汽EV160真空罐如图7-12所示。其作用首先是给制动系统提供稳定的真空压力，其次是储存真空，使真空系统即使在真空泵停止运行时仍能保持一定的真空度。

真空压力传感器用来监测真空系统的压力，并以此来控制真空泵运转与否。北汽EV160真空压力传感器如图7-13所示。真空压力传感器根据其结构不同，有触电开关式、滑动电阻式以及半导体压敏电阻式等类型。

当打开点火开关后，车辆各个控制系统开始自检，如果此时真空压力传感器监测到真空罐内的真空度小于设定值，制动控制单元控制电动真空泵运转。在真空度达到设定值时，电动真空泵停止工作，当驾驶人使用制动时真空度会降低，电动真空泵再次启动，如此循环。

新能源汽车制动系统真空泵控制原理如图 7-14 所示。

图 7-12 北汽 EV160 真空罐

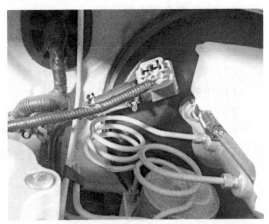

图 7-13 北汽 EV160 真空压力传感器

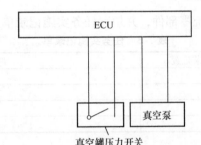

图 7-14 新能源汽车制动系统真空泵控制原理

2. 电动真空泵维修流程

电动真空泵常见故障原因分析与排除方法见表 7-4。

表 7-4 电动真空泵常见故障排除

序号	故障类型	故障现象	故障原因	排除方法
1	真空泵不转	踩下制动踏板时无助力,真空泵不工作	1. 真空泵断路器熔断 2. 真空泵电机损坏 3. 压力传感器故障 4. 真空泵线路断路 5. 真空泵控制器损坏	1. 更换真空泵断路器 2. 直接给真空泵供 12V 电,测试能否正常运转 3. 测量真空压力传感器 4. 检修真空泵控制电路 5. 更换真空泵控制器
2	真空泵常转	打开点火开关后真空泵不停转动	1. 真空管路有泄漏 2. 压力传感器损坏 3. 真空泵控制器损坏	1. 检查真空管路密封性 2. 更换真空压力传感器 3. 更换真空泵控制器

二、任务实施

1. 实施准备

(1) 实训物品准备

1) 新能源汽车整车。

2）车辆防护用品三件套。
3）高压安全用电警示牌。
4）警示隔离带。
5）车辆举升机。

（2）安全注意事项

1）任务实施场地拉设警示隔离带。
2）关闭点火开关，断开低压电池负极连接线。
3）在前机舱内放置高压安全用电警示牌。
4）严禁用手直接触摸动力电缆（橙色部分）。
5）举升车辆时，必须规范操作举升机。

2. 实施内容

1）电控制动系统组成部件认知。
2）电动制动系统数据流读取。

3. 实施记录

1）实车查找断开制动系统零部件，并填写任务实施记录单，见表7-5。

表7-5　任务实施记录单

序号	部件名称	安装位置	部件功能
1	真空罐		
2	电动真空泵		
3	制动控制单元		
4	真空压力传感器		

2）读取制动系统数据流，如图7-15所示。

新能源>>车辆选择>>EV系列>>EV160-2016款>>系统选择>>整车控制器(VCU)>>数据流		
名称	当前值	单位
车速	0	km/h
真空泵使能状态	未使能	
真空泵工作电流	5	A
真空压力	60	kPa

图7-15　制动系统数据流

三、任务检验

1. 自检

参与实训练习的学员自我完成质量检验。

2. 互检
由完成相同实操练习项目的学员相互进行质量检验。
3. 终检
由专职质量管理人员（教师）进行专业检查。

四、教学评估
由教师依据教学目标对教学过程及结果进行价值判断。

复 习 题

一、填空题
1. 新能源汽车空调压缩机靠电力驱动，其转速调节范围大致为（   ）种。
2. 空调压缩机从蒸发器中抽出气态制冷剂，然后将其以（   ）的形式压入冷凝器。
3. 在空调不开启的情况下平衡压力通常为（   ）。
4. PTC 是（   ）的英文缩写，是一种新型的热敏电阻材料。
5. 空调控制器与 VCU 通过（   ）完成交互信息，当发生异常时可以及时发出警告信号并响应。
6. 电动真空泵用（   ）电压驱动，通过 ABS 控制器控制其工作。

二、判断题
（   ）1. 汽车空调系统具有制冷、采暖、除霜、除雾以及通风换气的功能。
（   ）2. 新能源汽车的空调压缩机是通过高压电池提供的电能驱动其运转。
（   ）3. 空调制冷剂流经膨胀阀在节流的作用下以雾状的形式进入蒸发箱。
（   ）4. PTC 主要的用途有开关功能和发热功能两大类。
（   ）5. PTC 最大的特点是安全性能好，任何情况下都不会发生类似于电热管类加热器表面"发红"的现象。
（   ）6. 新能源汽车需要设置专用的电动真空泵，以满足制动系统的需要。
（   ）7. 真空压力传感器用来检测真空系统的压力，并以此来控制真空泵运转与否。
（   ）8. 真空压力传感器根据内部结构不同，分为触电开关式、滑动电阻式以及半导体压敏电阻式等类型。

项目八 新能源汽车维护及PDI检验

任务一 新能源汽车维护作业

情境导入

张先生有一天突然接到4S店的售后服务电话,邀请到店完成车辆的维护保养。

张先生:电动汽车也需要保养吗?

技师李:虽然新能源汽车和传统燃油汽车在动力提供和驱动方式有些差别,但依然要进行常规的维护。两者主要的区别在于传统汽车主要定期更换油液和滤芯等部件,而新能源汽车主要是针对动力电池和驱动电机等高压部件进行常规的清洁和检查工作。

学习目标

1. 掌握新能源汽车维护安全注意事项。
2. 能够完成新能源汽车各周期的维护项目。
3. 能够完成PDI检验。

一、相关知识

根据汽车维护技术标准,按照规定的工艺流程、作业范围、作业项目和技术要求所进行的预防性作业即汽车的维护。其目的就是保持车辆技术状况良好、确保行车安全、充分发挥汽车的使用效能并降低运行消耗。

1. 汽车维护定义

根据GB/T 18344—2016《汽车维护、检测、诊断技术规范》将汽车维护分为日常维护、一级维护和二级维护三种。

(1) 日常维护

以清洁、补给和安全检视为作业中心内容,由驾驶人负责执行的车辆维护作业。

(2) 一级维护

除日常维护作业外,以清洁、润滑、紧固为作业中心内容,并检查有关制动、操纵等安全部件,由维修企业负责执行的车辆维护作业。

(3) 二级维护

除一级维护作业外,以检查、调整转向节、转向摇臂、制动蹄片、悬架等经过一定时间的使用容易磨损变形的安全部件为主,并拆检轮胎进行轮胎换位,由维修企业负责执行的车辆维护作业。

2. 新能源汽车维护安全注意事项

1）高压安全防护，新能源汽车有高达几百伏的高压电，高压线束统一标识为橙色，严禁用手直接触摸高压部件。

2）所有的维护人员必须经过专业培训合格后持证上岗，非专业人员严禁进行任何高压部件的维护工作。

3）工作人员进行维护作业时，一定要遵守有关安全预防知识，使用必要的工具和防护设备。

4）系统内部存在高压，即使系统没有运行，断开维护插接器后，首先要用万用表确认高压端没有电压，才能进行下一步操作。

5）在维护新能源电动汽车时，不要佩戴金银首饰和手表等金属饰品。

6）清洗车辆时需要避开高低压部件，严禁用水直接冲洗高低压部件。

7）进行高压部件总成拆装作业时，必须使用绝缘工具、穿戴绝缘手套、绝缘鞋以及护目镜等高压安全防护用品。

8）对高压部件进行分解时请与厂家联系或由专业人员切断高压电源后进行，没有操作资质的人士不能打开高压部件外壳并对内部进行测量等操作。

9）在进行一般维护作业时应严防高压线束的绝缘层破损漏电，严禁在无特殊情况下破损或剪断橙色高压供电线束。

10）维护作业结束后，应及时整理维修工具和物料，不要将无关物品放置在高压设备的内部或顶部。

3. 新能源汽车维护周期分类

各新能源汽车厂家都要求车主必须定期进行维护，通常以车辆使用日期或车辆行驶里程为依据，以先到为准，维护细则按照随车保修手册执行。新能源汽车常见质保期限及质保项目见表 8-1。

表 8-1　新能源汽车常见质保期限及质保项目

区分	质量担保期限	质量担保项目
电动化部件	60 个月或 100 000km	动力电池总成、驱动电机、驱动控制器（带 DC/DC 功能）、减速器、高压接线盒及电缆、车载充电机、充电插头及插座、组合仪表、真空罐、真空泵控制器、整车控制器、低压配电控制器、换档总成、一体式压缩机总成、PTC 总成、空调控制器、车辆远程监控终端
易损耗部件	3 个月或 3 000km	空调滤清器、制动摩擦片、轮胎、蓄电池、遥控器电池、断路器及普通继电器（不含集成控制单元）、灯泡、刮水片
整车部件	36 个月或 60 000km	电动化部件和易损耗部件之外的所有零部件

汽车维护周期

（1）日常维护

分为出车前、行车中和收车后。

（2）一级维护、二级维护周期

汽车一、二级维护周期的确定应以汽车行驶里程为基本依据。汽车一、二级维护行驶里程依据车辆使用说明书的有关规定，同时依据汽车使用条件的不同，由省级交通行政主管部门规定。对于不使用行驶里程统计、考核的汽车,可用行驶时间间隔确定一、二级维护周期。其时间(天)间隔可依据汽车使用强度和条件的不同,参照汽车一、二级维护里程周期确定。

新能源电动汽车主要维护作业项目和技术要求见表 8-2。

表 8-2　新能源电动汽车主要维护作业项目和技术要求

序号	作业项目	作用性质	技术要求
1	整车控制器、高压盒、DC/DC	清洁、检查	1. 各部件安装牢固,插接件接触良好 2. 各部件外观完整,表面清洁 3. 各部件连接线无松动、无过热、无变色、保护套完整 4. 各部件功能正常,仪表显示正常,指示灯无故障报警
2	各类开关及断路器	清洁、检查	1. 各部件接触良好 2. 控制开关动作灵活、开闭正常 3. 表面清洁
3	动力电池	清洁、检查	1. 固定螺栓无松动现象,力矩符合要求 2. 电池箱体外观良好,无破损划痕、无腐蚀等 3. 动力电池线束插接件连接牢固,绝缘良好 4. 电量存储正常,充电性能良好
4	动力电缆	清洁、检查	1. 动力电缆排列整齐,安装牢固,插接件锁止装置正常,与运动部件没有干涉现象 2. 动力电缆绝缘良好,无金属裸露、导电环烧蚀等现象
5	驱动电机	清洁、检查	1. 驱动电机工作正常,无异响 2. 线路外观良好、绝缘层无破损、连接牢固 3. 进出水管无泄漏、冷却液位正常、冷却风扇运转正常
6	制动器	清洁	1. 制动踏板无卡滞现象 2. 制动踏板自由行程正常
7	制动真空泵	清洁、检查	1. 真空泵安装牢固,插接件接触良好 2. 真空管路卡箍牢固,气路密封良好 3. 真空泵与真空罐表面清洁,无破损
8	转向器	清洁、检查	1. 电控助力转向器运转正常,无异响 2. 转向电机和传感器插接件接触良好
9	空调压缩机、PTC 加热器等	清洁、检查	1. 空调系统运作正常、无异响 2. PTC 加热器工作正常 3. 鼓风机运转正常,无异响 4. 风速、风向调节功能正常
10	路试车辆	检查	1. 起步、加速、减速等工况无冲击、抖动现象 2. 制动或减速时有明显的能量回收 3. 仪表各信息显示正常 4. 转向、制动的性能良好

4. 新能源汽车维护项目分类

新能源汽车作为一款机电产品,随着行驶里程的增加,零部件会逐渐发生磨损,技术状况也会不断变差,因此需要用户在车辆的使用过程中严格按照厂家要求进行维护。新能源汽车的维护可以分为电动化系统维护和底盘系统维护两部分。

1)电动化系统维护见表8-3。

表8-3　电动化系统维护

维护操作		维护周期									
里程或月数,以先到为准	km×1000	3	10	20	30	40	50	60	70	80	90	100
	月数	3	6	12	18	24	30	36	42	48	54	60
充电系统			●	●	●	●	●	●	●	●	●	●
制冷系统			●	●	●	●	●	●	●	●	●	●
冷却系统				●		●		●		●		●
电池系统		●		●		●		●		●		●

符号说明:●—检查,必要时调整、清理或更换。

2)底盘系统维护见表8-4。

表8-4　底盘系统维护

维护操作		维护周期									
里程或月数,以先到为准	km×1000	3	10	20	30	40	50	60	70	80	90	100
	月数	3	6	12	18	24	30	36	42	48	54	60
电动真空泵、控制器、真空罐			●		●		●		●		●		●
制动盘、摩擦片			●		●		●		●		●		●
制动液						▲				▲		
制动管路			●	●	●	●		●		●		●
减速器齿轮油				▲		▲		▲		▲		▲
驱动轴						●		●		●		●
转向器、转向拉杆、悬架零件			●		●	●		●		●		●
轮胎换位,以公里数为准				●	●	●	●	●	●	●		
空调滤清器			●		▲		▲		▲		▲		▲
底盘与车身紧固件			T		T		T		T		T		T

符号说明:●—检查,必要时调整、清理或更换;▲—更换;T—拧紧至规定力矩。

二、任务实施

1. 实施准备

(1)实训物品准备

1)新能源汽车整车。

2)车辆防护用品三件套。

3)高压安全用电警示牌。

4）警示隔离带。
5）车辆举升机。
（2）安全注意事项
1）任务实施场地拉设警示隔离带。
2）关闭点火开关，断开低压电池负极连接线。
3）在前机舱内放置高压安全用电警示牌。
4）严禁用手直接触摸动力电缆（橙色部分）。
5）举升车辆时，必须规范操作举升机。

2. 实施内容

熟悉新能源汽车维护项目及技术要求。

3. 实施记录

新能源汽车维护项目及技术要求，如表 8-5 所示。

表 8-5 新能源电动汽车维护作业项目和技术要求

序号	作业项目	作用性质	技术要求
1	整车控制器、高压盒、DC/DC		
2	各类开关及断路器		
3	动力电池		
4	动力电缆		
5	驱动电机		
6	制动器		
7	制动真空泵		
8	转向器		
9	空调压缩机、PTC 加热器等		
10	路试车辆		

三、任务检验

1. 自检

参与实训练习的学员自我完成质量检验。

2. 互检

由完成相同实操练习项目的学员相互进行质量检验。

3. 终检

由专职质量管理人员（教师）进行专业检查。

四、教学评估

由教师依据教学目标对教学过程及结果进行价值判断。

任务二 新能源汽车 PDI 检验与环车检查

> **情境导入**

某品牌新能源汽车 4S 店的张经理安排小刘给客户的车辆进行常规保养。

张经理：请尽快给这辆车做一下保养，客户在休息室等着呢。

技师刘：新能源汽车的常规保养比传统汽车简单一些，很快就可以做完，请告知客户做完保养后会通知他到前台接车。

> **学习目标**

1. 能够完成新能源汽车的 PDI 检验。
2. 能够完成新能源汽车的环车检查。

一、相关知识

1. 新能源汽车出库 PDI 检验

汽车 PDI（Pre-Delivery Inspection）检验是非常重要的一项售前检验证明，是在向客户交付新车前必须通过的整车质量检验。因为新车从生产厂家到经销商网点，大都经历了成百上千公里的运输颠簸和较长时间的停放，为了向顾客保证新车的安全性和原厂性能，PDI 检验必不可少。某品牌新能源出库 PDI 记录见表 8-6。

表 8-6 出库 PDI 检验记录表

车型：　　　　　　　颜色：　　　　　　　车辆批次：
VIN：　　　　　　　检测日期：　　　　　检查人员：

以下项目，在后面对应的检查结果内画√，需要修理的画×，漏装的画○

检查项目	记录栏	签字栏				
A. 基本检查	问题描述	是否放行	质量签字	维修人签字	质量复检	PDI 复检
1. 全车漆面、玻璃、装饰条检查						
2. 全车各部位间隙、段差						
3. 全车标牌和标志						
4. 轮胎、轮辋						
5. 内饰部件装配检查						
6. 备胎、后置物台和备胎盖板						
B. 前机舱检查	问题描述	是否放行	质量签字	维修人签字	质量复检	PDI 复检
1. 整体目视检查（装调、渗、漏）						
2. 冷却液液位						
3. 制动液液位						

（续）

以下项目，在后面对应的检查结果内画√，需要修理的画×，漏装的画○

检查项目	记录栏	签字栏				
B. 前机舱检查	问题描述	是否放行	质量签字	维修人签字	质量复检	PDI 复检
4. 玻璃水水位						
5. 蓄电池						
6. 线束/管路连接						
C. 车辆功能检查	问题描述	是否放行	质量签字	维修人员	质量复检	PDI 复检
1. 遥控器及钥匙						
2. 车门及行李舱						
3. 车门窗及天窗						
4. 中控门锁						
5. 驾驶人、前排乘客座椅及安全带						
6. 仪表板各项指示灯						
7. 导航仪及收音机						
8. 转向盘						
9. 照明灯光						
10. 指示灯光						
11. 刮水器						
12. 空调						
13. 后视镜（高配）						
14. 阅读灯						
15. 遮阳板及化妆镜						
16. 机舱盖、充电口盖						
17. 倒车雷达						
18. 换档机构及驻车制动手柄						
19. 风窗加热						
20. 数据采集终端						
D. 其他检查	问题描述	是否放行	质量检查	维修人员	质量复检	PDI 复检
出租车及特殊装配						

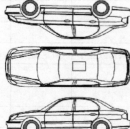

左侧外观损伤标示图标注：
×表示划伤
△表示掉漆
○表示漏装、缺件

PDI 检查人员签字	
总装质检签字	

说明:每车一单,每份两联。第一联由服务管理部收回用于统计分析,第二联由总装车间随车流转使用。

2. 新能源汽车环车检查

汽车4S店或修理厂在承修车辆时首先要进行环车检查,这样可以确认车辆维修前的车况,特别是外观情况,可以避免一些不必要的纠纷,还可以让客户觉得你很专业,对他的车辆很负责。此外,还可以发现更多的维修项目以增加售后产值。各品牌车型的环车检查项目大致相同,新能源汽车环车检查表见表8-7。

表8-7 新能源汽车环车检查表

车型			车辆颜色		
检查人员			检查日期		
覆盖件名称	检查内容				处理方法
中网	□附着物 □缝隙不均匀	□划痕 □破损			
快充口盖	□附着物 □钣金变形	□划痕 □色差	□缝隙不均匀 □开关不正常	□密封不正常	
前杠	□附着物 □严重划痕	□轻微划痕 □钣金变形	□缝隙不均匀 □色差		
前风窗玻璃	□有裂纹	□有破损			
左前照灯	□附着物 □雾气	□划痕 □灯罩变色	□缝隙不均匀		
左前翼子板	□附着物 □严重划痕	□轻微划痕 □钣金变形	□缝隙不均匀 □色差		
左侧裙	□附着物 □严重划痕	□轻微划痕 □钣金变形	□缝隙不均匀 □色差		
左前门玻璃	□有裂纹	□有破损			
左前门	□附着物 □严重划痕	□轻微划痕 □钣金变形	□缝隙不均匀 □色差	□密封条	
左B柱	□附着物 □严重划痕	□轻微划痕 □钣金变形	□缝隙不均匀 □色差		
左后门玻璃	□有裂纹	□有破损			
左后门	□附着物 □严重划痕	□轻微划痕 □钣金变形	□缝隙不均匀 □色差	□密封条	
左C柱	□附着物 □严重划痕	□轻微划痕 □钣金变形	□缝隙不均匀 □色差		
右侧裙	□附着物 □严重划痕	□轻微划痕 □钣金变形	□缝隙不均匀 □色差		
行李舱盖	□附着物 □严重划痕	□轻微划痕 □钣金变形	□缝隙不均匀 □色差	□密封条	

（续）

车型			车辆颜色	
检查人员			检查日期	
覆盖件名称	检查内容			处理方法
左后翼子板	□附着物　　□轻微划痕　　□缝隙不均匀 □严重划痕　　□钣金变形　　□色差			
左后尾灯	□附着物　　□划痕　　　　□缝隙不均匀 □雾气　　　　□灯罩变色			
后杠	□附着物　　□轻微划痕　　□缝隙不均匀 □严重划痕　　□钣金变形　　□色差			
右后尾灯	□附着物　　□划痕　　　　□缝隙不均匀 □雾气　　　　□灯罩变色			
车顶	□附着物　　□轻微划痕　　□缝隙不均匀 □严重划痕　　□钣金变形　　□色差			
后风窗玻璃	□有裂纹　　□有破损			
右C柱	□附着物　　□轻微划痕　　□缝隙不均匀 □严重划痕　　□钣金变形　　□色差			
右后门玻璃	□有裂纹　　□有破损			
慢充口盖	□附着物　　□划痕　　　　□缝隙不均匀　　□色差 □密封　　　　□钣金变形　　□开关不正常			
右B柱	□附着物　　□轻微划痕　　□缝隙不均匀 □严重划痕　　□钣金变形　　□色差			
右前门玻璃	□有裂纹　　□有破损			
右A柱	□附着物　　□轻微划痕　　□缝隙不均匀 □严重划痕　　□钣金变形　　□色差			
右前照灯	□附着物　　□划痕　　　　□缝隙不均匀 □雾气　　　　□灯罩变色			

3. 典型新能源汽车定期维护规范

江淮 iEV 纯电动汽车交车及定期维护规范见表 8-8。

表 8-8　iEV 纯电动汽车交车及定期维护规范

底盘号：		里程/km：	终端号：	电话：	日期：
序号	维护项目	维护内容			结果
电动化系统					
1	充电系统	试充电 10min，确认充电功能正常			
2	制冷系统	确认空调制冷、制热、除霜、除雾功能正常，制冷时压缩机工作无异响			

（续）

底盘号：		里程/km：	终端号：	电话：	日期：
序号	维护项目		维护内容		结果
电动化系统					
3	绝缘	充电插座的火线、零线对车身绝缘电阻，应大于10MΩ			
		DC/DC输入端正负端子分别对车身测绝缘电阻，应大于20MΩ			
4	高压线束	检查插接件无松动、退针、生锈等现象，检查高压线缆与其他零部件之间无干涉磨损现象，检查高压线缆波纹管内没有污垢与潮湿现象			
5	DC/DC	KEY ON后，测量DC/DC输出端电压，应为（13.8±0.2）V			
		清理DC/DC散热齿污垢			
		确认DC/DC固定螺钉无松动、缺失、锈蚀等现象			
6	组合仪表	KEY ON后，3s自检时所有指示灯都点亮，仪表指针位置无异常，背光无闪烁，液晶屏显示清晰，高压接通提示音正常			
7	低压线路	检查插接件是否有端子脱落、松动、进水、破损等情况，检查线束是否有老化			
		铅酸蓄电池是否亏电，正极连接线束是否有塑料护套，且塑料护套不翘起，不裸露铜片			
8	整车动态检查	车辆起步、行驶、转弯、制动时，应无异响无抖动			
9	驻车	确认车辆坡道驻车正常，否则予以调整			
10	远程监控终端	1. KEY ON或充电状态下检查车载远程终端CAN指示灯及GSM灯闪烁是否正常			
		2. 电话确认与江淮汽车远程服务器是否正常连接			
底盘系统					
1	电动真空泵及其控制器	KEY ON后，连续踩下制动踏板数次真空泵开始工作，12s后停止，10min内不再起动			
2	制动盘和摩擦片	检查前后制动器使用情况，确认摩擦片磨损量正常，且没有严重损坏			
3	制动液	确认制动储液壶的液面高度在"MAX"标志和"MIN"标志之间			
4	制动管和拉丝	确认制动管路和驻车拉索表面没有不正常的附着物、泄漏、擦伤、磨损和老化等问题			
5	减速器齿轮油	确认无漏油及渗油，首保后每1年或20 000km更换润滑油，规格为：85W/90-GL5，用量为1.7L			
6	驱动轴及其护套	确认驱动轴和防尘罩没有开裂、磨损、破损或油脂泄漏等问题			
7	转向器、转向拉杆和悬架零件	1. 确认转向系统工作正常，转向时无异响、无振动、无阻滞，确认EPS工作正常，转向轻便，无一边轻一边重的现象			
		2. 确认转向器外壳、护罩、转向器和转向拉杆以及其他零部件连接没有松动			
		3. 确认各防尘罩没有磨损、破损或油脂泄漏等问题			
		4. 确认前、后轴承和悬架没有间隙过大、异响、破损或其他损坏			

(续)

底盘号：		里程/km：	终端号：	电话：	日期：
序号	维护项目		维护内容		结果
底盘系统					
8	轮胎换位	确认轮胎无损伤、无严重老化、无严重磨损、无起包变形、无偏磨，胎压正常（250kPa），更换新轮胎时需进行轮胎换位			
9	空调滤清器	检查空调滤清器表面是否破损，同时进行滤芯清洗，每1年或20 000km进行更换			
10	底盘车身紧固件	确认悬置与动力总成、转向、制动、悬架系统紧固螺栓无松动、无机械损伤、无锈蚀现象			

二、任务实施

1. 实施准备

（1）实训物品准备

1）新能源汽车整车。

2）车辆防护用品三件套。

3）高压安全用电警示牌。

4）警示隔离带。

5）车辆举升机。

6）冰点测试仪。

7）制动液检测笔。

（2）安全注意事项

1）任务实施场地拉设警示隔离带。

2）关闭点火开关，断开低压电池负极连接线。

3）在前机舱内放置高压安全用电警示牌。

4）严禁用手直接触摸动力电缆（橙色部分）。

5）举升车辆时，必须规范操作举升机。

2. 实施内容

新能源电动汽车常规维护。

3. 实施记录

完成常规维护操作，并记录维护过程中发现的存在缺陷的零部件以及潜在危害，见表8-9。

表8-9 任务实施记录单

序号	部件名称	技术状况	潜在危害
1			
2			

（续）

序号	部件名称	技术状况	潜在危害
3			
4			
5			

三、任务检验

1. 自检
参与实训练习的学员自我完成质量检验。

2. 互检
由完成相同实操练习项目的学员相互进行质量检验。

3. 终检
由专职质量管理人员（教师）进行专业检查。

四、教学评估

由教师依据教学目标对教学过程及结果进行价值判断。

项目九 新能源汽车常见故障案例分析

一、比亚迪 e5 技术参数

电动机最大输出转矩：310N·m/(0~4 929r/min)/30s

电动机额定转矩：160N·m/(0~4 775r/min)/持续

电动机最大输入功率：160kW/(4929~12 000r/min)/30s

电动机额定功率：80kW/(4775~12 000r/min)/持续

电动机最大输出转速（包括驱动最高输入转速和随动最高输入转速）：12 000r/min

电动机总成质量：103kg

总减速比：9.342

一级传动比：3.158

主减速传动比：2.958

电机轴中心与差速器中心的距离：239mm

变速器润滑油量：1.8L

变速器润滑油类型：齿轮油 SAE 80W-90

（冬季环境温度低于-15℃地区推荐换用 SAE 75W-90）

二、比亚迪 e5 维修说明

1. 总成

1) 单档变速器采用浸油润滑方式，润滑油采用齿轮油 SAE 80W-90；对于环境温度低于-15℃时，推荐使用 SAE 75W-90 齿轮油。

2) 动力总成在分解修理后，再重新装车，变速器需要加入1.8L润滑油（油位至注油口位置处即停止加油）。

3) 电动机和变速器组装时，必须确保变速器前壳体导向端口和电机端口对正。注意保护变速器前壳体O形圈和变速器主轴密封圈。

4) 螺栓、螺母。电机端盖和总成合箱壳体上的螺栓或螺母，按对角线松开和拧紧，如果螺栓有裂纹或已损坏，请及时更换。

5) 轴承：

① 安装时要用变速器润滑油润滑所有的轴承，也可以在内外圈与轴、箱体座孔结合的柱面上涂抹锂基润滑脂（黄甘油也可）。

② 安装时，采用规定的工装进行工作。

③ 同样尺寸的轴承外圈与内圈不可以更换（但变速器主轴前轴承内外圈无需考虑调整

垫片因素，且产品本身具有良好的加工一致性，故条件紧张时，该轴承例外）。

④ 同一轴上的圆锥滚子轴承应同时更换，轴承型号应相同（包括副轴和差速器的轴承，而所用的四个轴承型号相同）。

三、新能源汽车常见故障现象

案例一　车辆不能行驶

（一）故障现象

某车主反映，其 2016 款比亚迪 e5 车型，正常操作却不能行驶。

（二）故障诊断

1. 判定及分析

通过维修人员对仪表进行观察，发现车辆 OK 指示灯未点亮，电量及其他信息正常，低压蓄电池灯点亮。维修人员初步判定，故障可能是低压充电系统故障。

比亚迪 e5 为一款高压电控总成集成两电平双向交流逆变式电机控制器模块、车载充电器模块、DC/DC 变换器模块、高压配电模块和漏电传感器。高压电控总成如图 9-1 所示。那么其最大原因在于电机控制系统不工作。通过查询维修手册发现可能发生故障部件有三种：电机控制高压配电电源电路、电机控制器低压电源电路以及线束。

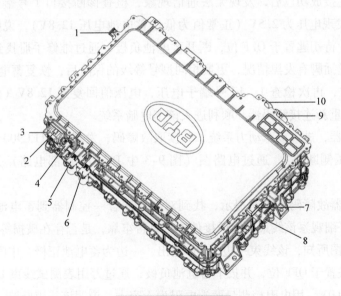

图 9-1　高压电控总成

1—DC 直流输出插接件　2—33 针低压信号插接件　3—高压输出空调压缩机插接件
4—高压输出 PTC 插接件　5—动力电池正极母线　6—动力电池负极母线　7—64 针低压接信号插件
8—入水管　9—交流输入 L2、L3 相　10—交流输入 L1、N 相

2. 车上检查

1）将车辆移放到专用维修车间，维修人员在做好安全操作规范之后，打开前舱盖，检查外部连接，外部连接应无松动，插接件应无损坏，线束应无断裂破损等情况。

2）待车钥匙处于 ON 位状态，用万用表检查蓄电池电压，电压为 12.8V，在 11~14V，正常；通过连接专用解码器，选择"比亚迪新能源"，如图 9-2 所示。

图 9-2　解码器选择界面

通信插接件连接成功以后，发现无法通信现象，检查诊断接口 1 号端子与搭铁点（16 号端子）电压，发现电压为 2.5V（正常值为低压蓄电池电压 12.8V），说明诊断接口 OBD 电源有虚接情况，待钥匙置于 OFF 位，断开蓄电池负极，通过维修手册找到 OBD 熔丝，拔下熔丝后发现熔丝插脚有发黑情况，更换相同型号等级的保险后，恢复蓄电池负极连接，并将钥匙置于 ON 位，再次检查 1、16 号端子电压，电压值回复到 12.8V（原熔丝有烧蚀情况，出现虚接），重新连接解码器，顺利进入该车电脑系统。

3）通过解码器，进入该车动力系统，并读取故障码，发现有 P1EC900 故障码出现，并提示"降压时低压侧断路"。通过电路图（图 9-3 中 DC/DC 局部电路）并结合实车进行检查。

4）根据解码器故障码及说明提示，找到对应从四合一控制器到蓄电池正极这根线束，如图 9-4 所示。仔细观察该线束两边插接件连接是否牢靠，是否存在破损等情况。

5）根据电路图所知，该线束一边为 DC 输出，一边为蓄电池正极，中间有一个 200A 的熔丝，待点火开关置于 OFF 位，并拔下蓄电池负极，通过万用表测试线束 DC 输出与负极之间的电压，电压为 0V，用电阻档测量两端电阻为无穷大，说明该线束断路。

6）分别测量该线束 DC 输出端到熔丝之间、熔丝两边、熔丝与蓄电池正极之间的电阻，发现只有熔丝两边电阻为无穷大，其他两组数据为 0Ω，说明熔丝烧坏，检查两端连接无异常，更换相同型号等级的熔丝。

（三）故障排除

更换熔丝后，恢复车身线束连接，钥匙置于 ON 位，观察仪表显示情况。连接解码器进入系统，清除故障码，重起车辆，故障灯熄灭，OK 指示灯点亮。故障解决，再次验车，无

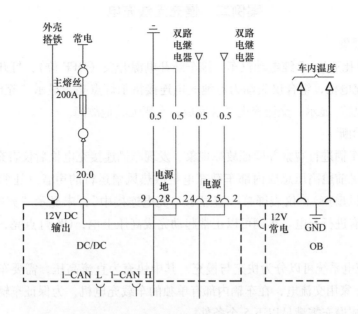

图 9-3　DC/DC 局部电路

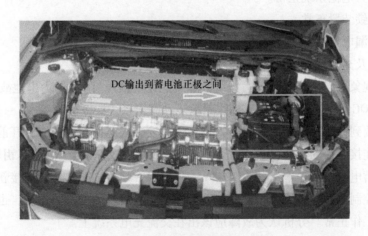

图 9-4　比亚迪 e5DC 输出

故障显示，车辆恢复正常。整理工量具，清洁车辆表面，完成工作，交车。

（四）故障结论

1）车辆本身系统不易出现问题，一般情况问题会出现在线束连接、插接件、熔丝、继电器等处。

2）诊断过程中，时刻遵守安全操作规范。

3）正确使用各种工量具读取车辆信息。

4）插接件接合和断开过程中要注意方向，应使用巧力，以免破坏连接情况。

案例二 慢充无法充电

（一）故障现象

一辆2017款比亚迪e5纯电动汽车。该车断开电源开关（OFF位），打开前舱并连接便携式220V交流充电枪，组合仪表动力电池充电连接指示灯点亮，显示"充电连接中"，但无"充电连接成功"显示，交流充电无法完成，车辆无其他故障。

（二）故障诊断

维修人员对车辆进行观察并验证故障现象，发现车辆连接充电枪后仪表充电连接指示灯点亮，但并未听见前舱高压总成内部车载充电机散热风扇运行的声音（正常工作时应伴有车载充电机散热风扇声），仪表屏幕一直显示"充电连接中"，未显示"充电成功"信息，这表明车辆并没有进行充电。车辆可以正常起动完成高压上电，OK灯点亮，并未见其他故障灯点亮。

比亚迪e5充电系统可以分为快充与慢充，其中快充为直流高压，需要车外辅助的充电桩，慢充为220V家用交流电，在车辆内部有单独的车载充电机，为保证车辆及驾驶人的安全，车辆能够完成慢充需满足以下5个条件：

1）车辆动力系统正常。
2）车辆动力电池系统正常。
3）高压互锁装置正常。
4）车辆无漏电情况。
5）充电机及充电系统正常等。

根据故障现象可以初步排除动力系统故障（无系统故障灯）、动力电池故障（电池处于可充电状态，SOC为56%）、高压互锁线路故障和高压系统漏电故障等。

将车辆移放到专用维修车间，维修人员在做好安全规范操作之后，打开前舱盖，检查外部连接，外部连接无松动，插接件无损坏，线束无断裂破损等情况。待车钥匙处于ON位，用万用表测量蓄电池电压，电压值为12.8V，介于11～14V之间，然后连接新能源汽车专用解码器，扫描控制单元，无故障码存储；读取车载充电机模块相关数据流，也未见异常，这说明控制单元工作正常。分析认为故障应该出在交流充电系统上。

查阅相关技术资料，比亚迪e5充电原理如图9-5所示，充电检测流程如图9-6所示。

根据工作原理分析，当高压总成内充电枪触发单元通过与充电枪连接端子CC与端子PE检测到充电连接装置内的电阻后（确定充电连接装置额定容量），拉低充电连接信号，BMS模块控制车辆低压供电线路IG3继电器吸合给相关部件提供电源，当BMS得电后执行充电程序并拉低仪表充电指示灯信号，仪表充电连接指示灯点亮。因此，测量充电枪端子CC与端子PE之间的电阻为681Ω，正常。因为仪表充电连接指示灯可正常点亮，据此分析端子CC与端子PE的连接信号正常。由于比亚迪e5纯电动汽车带有预约充电功能，预约充电服务器集成在仪表控制单元内，在充电连接过程中，车载充电机需要通过CAN总线接收到仪表控制单元发来的确认充电报文信息，在确认当前无预约充电设置后，才能执行实时充电动作，充电成功后组合仪表才会显示"正在充电中"信息。分析认为，如果预约充电功

项目九 新能源汽车常见故障案例分析

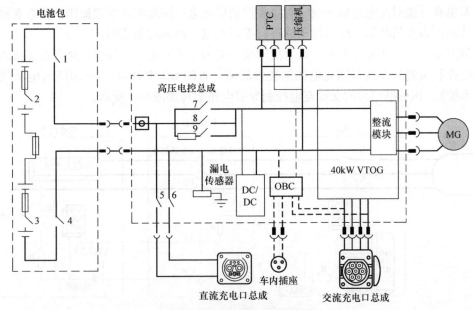

图 9-5 比亚迪 e5 充电原理

1—正极接触器 2—电池包分压接触器 1 3—电池包分压接触器 2 4—负极接触器 5—直流充电正极接触器
6—直流充电负极接触器 7—主接触器 8—交流充电接触器 9—预充接触器

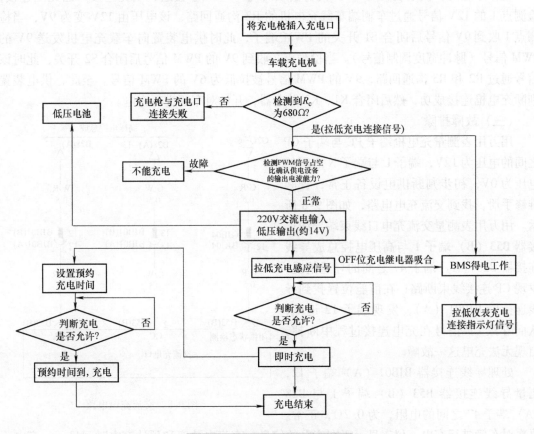

图 9-6 比亚迪 e5 充电检测流程

能误触发也有可能对充电造成影响。对仪表控制单元进行恢复默认设置操作，并查看预约充电功能状态，为关闭状态，然后对车辆进行重新充电，故障现象依旧。

根据充电系统工作原理分析，认为故障很可能为交流充电控制导引电路存在连接线路故障、供电控制装置故障或车辆充电控制装置故障。查阅 GB/T 18487.1—2015《电动汽车传导充电系统》，该标准给出的交流充电控制导引电路原理如图 9-7 所示。

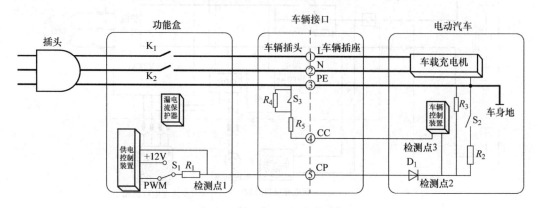

图 9-7　交流充电控制导引电路原理

工作原理为：供电装置的 S1 开关初始状态与 12V 端子接通，当充电接口已完全连接，检测点 1 的 12V 信号通过车辆端车载充电机的 R3 沟通回路，该电压由 12V 变为 9V，当检测点 1 收到 9V 信号后闭合 S1 开关的 PWM 端子，此时供电装置向车载充电机发送 9V 的 PWM 信号（脉冲宽度调制信号）。当检测点 2 收到 9V 的 PWM 信号后闭合 S2 开关，此时该信号通过 R2 和 R3 沟通回路，9V 的 PWM 信号被拉低为 6V 的 PWM 信号。至此，供电装置判断充电枪连接成功，然后闭合 K1、K2 继电器，开始对车辆进行充电。

（三）故障排除

用万用表测量充电枪端子 PE 与端子 CP 之间的电压为 12V，端子 L 与端子 N 之间的电压为 0V，初步判断供电设备正常；查阅维修手册，找到交流充电电路，如图 9-8 所示。用万用表测量交流充电口线束端导线连接器 B53（B）端子 1 与高压电控总成导线连接器 B28（A）端子 47 之间的导通情况，发现 CP 连接线束断路；在前舱位置找到导线连接器 BJB01（A），发现端子 12 退缩，从而导致 CP 信号在充电连接过程中断掉，出现无法充电这一故障。

处理导线连接器 BJB01（A）端子 12，测量导线连接器 B53（B）端子 1 与 B28（A）端子 47 之间的电阻，为 0.2Ω，正常。

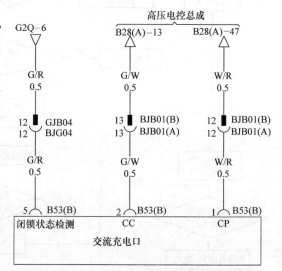

图 9-8　交流充电电路

再次对车辆进行充电，仪表显示正在充电的信息，有充电功率和预计充电时间显示，充电正常,故障排除。

(四)故障结论

1)车辆本身系统不易出现问题,一般情况问题会出现在线束连接、插接件、熔丝、继电器等地方。

2)诊断过程中时刻遵守安全操作规范。

3)正确使用各种工量具读取车辆信息。

4)插接件接合和断开过程中要注意方向,应使用巧力,以免破坏连接情况。

案例三 整车动力系统无法上电

(一)故障现象

一辆2016年比亚迪e5纯电动汽车。该车按下起动开关约1min,仪表显示屏绿色OK灯未亮起,同时提示"请检查动力系统",这意味着该车上电未成功,动力电池包无法输出高压电,因此整车无法正常使用。

(二)故障诊断

维修人员对车辆进行观察并验证故障现象,发现仪表显示屏绿色OK灯未亮起,同时提示"请检查动力系统",根据故障现象分析可能的故障原因有:动力电池包电压过低;动力电池包对车身漏电;车辆受到碰撞;高压互锁线路断开;低压电池故障等。

经询问客户得知,该车自购买以来未受到碰撞,车辆和电池所处环境均在正常使用范围。将车辆移放到专用维修车间,维修人员在做好安全规范操作之后,打开前舱盖,检查外部连接,外部连接无松动,插接件无损坏,线束无断裂破损等情况。待车钥匙处于ON位,用万用表检查蓄电池电压,电压值为12.8V,介于11~14V之间。

比亚迪e5高压电池是磷酸铁锂动力电池包,内含13个电池模组,连接方式为串联,上下两层,直流电压输出约为633.6V,动力电池包内部结构简图如图9-9所示。动力电池包通过变频器为驱动电机提供高压交流电。

在各接触器闭合的情况下,动力电池输出端才有电压。动力电池包正负极通过高压母线与四合一控制器相连接。断开低压电池负极,拔下低压电池侧面的起动导线连接器,拆开四合一控制器端盖,再装上低压电池负极连接线和起动导线连接器,到车内按下起动开关。戴上12kV高压绝缘手套测量四合一控制器内动力电池导线连接器的输出电压,电压为0V。断开动力电池导线连接器与四合一控制器连接端,检查动力电池包对车身绝缘情况,DC+和DC-对搭铁绝缘电阻均大于550MΩ,说明绝缘良好,排除了动力电池包对车身漏电的故障。

但在测量时发现电池导线连接器负极端子有损坏,该端子为高压互锁端子,因此怀疑无法上电故障就是电池导线连接器负极互锁端子损坏导致。图9-10为高压互锁回路原理连接图,图9-11为高压互锁端子放大图。

动力电池包内共有4个接触器,1个正极接触器接在13号模组上,1个负极接触器接在1号模组上,2个分压接触器接在6号模组和10号模组上。

高压互锁回路接通信号是电动汽车上电成功的一个必要信号,必须接通高压互锁回路,才能正常上电。高压互锁回路由高压电控总成、动力电池包、电池管理器和PTC组成。高压互锁回路依次将高压电控总成低压导线连接器的端子22、PTC的端子2和端子1、电池管理器的2号导线连接器的端子7、电池管理器的1号导线连接器的端子1、动力电池包导线连接器的端子9、动力电池包导线连接器的端子14和高压电控总成低压导线连接器的端子23串联起来。而高压导线连接器处损坏的互锁端子属于高压电控总成部分。试着断开高压电控总成低压导线连接器，测量其端子22与端子23间导通情况，结果为不导通。插上高压电控总成低压连接器后将端子22与端子23短接，恢复其他连接器，按下起动开关，再次测量四合一控制器内动力电池导线连接器的输出电压，电压为628.6V，根据上述检查判断故障原因为高压导线连接器负极互锁端子损坏。

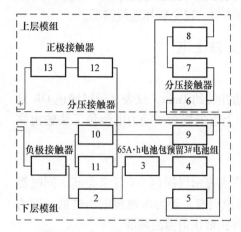

图9-9 动力电池包内部结构简图

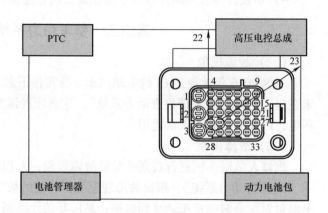

图9-10 高压互锁回路原理连接图

（三）故障排除

这种情况下必须更换高压导线，只好将高压电控总成低压导线连接器22和23用临时用导线短接，并与四合一控制器连接紧固后，接好低压电池负极，重新上电，约1min后仪表显示屏绿色OK灯亮起，上电成功，故障清除。

（四）故障结论

1）车辆本身系统不易出现问题，一般情况问题会出现在线束连接、插接件、熔丝、继电器等地方。

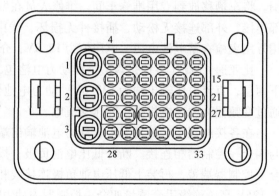

图9-11 高压互锁端子放大图

2）诊断过程中时刻遵守安全操作规范。

3）正确使用各种工量具读取车辆信息。

4）插接件接合和断开过程中要注意方向，应使用巧力，以免破坏连接情况。

附录 新能源汽车技能大赛项目案例

赛项设置目的：

紧跟国家新能源汽车发展战略，更好地服务新能源汽车产业相关领域人才培养需求，引领职业院校相关专业和课程建设，实现以赛促教、以赛促改，推动产教融合、校企合作，对接岗位核心技能培养双师团队，提高职业院校人才培养质量。赛项对接纯电动汽车企业先进技术和行业标准，把真实的工作过程、任务和要求融入比赛环节，注重团队合作，能够检验参赛选手的综合职业能力，注重德技并修，在2018年第一次作为高职技能大赛比赛项目进行组织和开展。

赛项设计说明：

赛项设计涵盖新能源汽车结构原理、安全规范等专业知识，考核选手对于新能源汽车电源系统、充电系统、驱动系统、空调系统及通信系统等专业技能点的掌握程度；检验选手安全防护、操作规范、团队合作和职业素质。

赛项内容：

赛项设置一般有动力电池组拆装与检测、能量供给系统检测与诊断、上下电操作、蓄电池（DC/DC）故障诊断、高压互锁故障分析、车载充电机更换、纯电动汽车整车综合故障排除等实操部分，确保在高压系统操作安全的前提下，综合考察选手对于纯电动汽车结构原理、动力电池组、能量管理系统、驱动系统、高压电安全防护、维修工具设备使用等方面的专业知识和核心技能。

实操项目一 动力电池拆装与检测

一、要求

依据国家相关标准要求，结合厂家技术标准和选手作业表中的要求，严格执行高压作业安全规定，规范使用工具仪器，在整车上完成动力电池组总成的检测与更换任务，并形成书面报告。

二、项目实施步骤及评分标准

（一）作业前准备评分表，见附表1。

附表1 作业前准备评分表

序号	作业项目	分值	评分细则	得分
1	设置隔离栏、警示牌	2	每项1分	
2	检查人身绝缘防护装备：绝缘帽、防护眼镜、绝缘手套、绝缘鞋	3	每项1分	
3	检查绝缘工具、万用表、放电工装	3	每项1分	
4	力矩扳手、棘轮扳手、套筒等	1	1分	

(续)

序号	作业项目	分值	评分细则	得分
5	设置翼子板护围、座套、转向盘套、脚垫	1	1分	
6	检查举升机(四个支撑脚垫应接近同一水平高度)	2	1分	
7	检查电池举升平台,上升可靠、下降速度平稳可调	3	每项1分	
总分		15		

(二)高压断电作业评分表,见附表2。

附表2 高压断电作业评分表

序号	作业项目	分值	评分细则	得分
1	打开启动开关,检查仪表显示故障,做好记录	1		
2	用解码器检查故障,记录故障界面	4		
3	检查车位、确定N档、拉好驻车制动手柄、起动钥匙置于OFF位,取下起动钥匙并装在口袋内	2	每项0.4分	
4	断开12V蓄电池负极线,用绝缘胶带进行包裹	2	每项1分	
5	拔出维护插接器,锁在工具箱内	1	拔出规范2分,锁1分	
6	支撑车辆、举升车辆到1.7m左右、举升机可靠锁止	2	支撑位置1分,举升锁定1分,裁判提示不得分	
7	检查电池底板、车载充电机输入线束	2	记录准确2分	
8	拆下电池线束护板	1	工具、顺序、放置	
9	检查低压控制线束插件外观状况、高压线束插件外观状况	2	检查、记录各1分	
10	拔出低压控制线束插件、检查插件技术状况(插头、插座)	2	拔出规范、检查记录各1分	
11	拔出高压线束插件、检查插件技术状况(插头、插座)	4	戴绝缘手套1分,拔出顺序规范3分	
12	用万用表检查动力电池动力电缆正负输出端电压,确认为"0"	3	戴绝缘手套1分,测量2分	
13	用放电工装对高压负载端进行放电	2	戴绝缘手套1分,正负线芯放电1分	
总分		28		

(三)拆装、检查、清洁动力电池箱体评分表,见附表3。

附表3 拆装、检查、清洁动力电池箱体评分表

序号	作业项目	分值	评分细则	得分
1	推入动力电池举升车到适当位置,接通气源,把平台升起接触到电池底板、顶紧	9	每步3分	
2	用套筒把手按顺序拆下动力电池固定螺栓,检查螺栓和螺孔状况	9	工具及操作、检查记录各3分	
3	缓降放下动力电池,移出动力电池	2	各步1分	
4	检查外观状况(上下结合部密封、外观、通气阀),半干抹布清洁动力电池外部	5	检查记录3分,清洁2分	
5	推入动力电池到适当位置、举升动力电池对准定位、举升到位	9		
6	顺序连接动力电池螺栓,用力矩扳手拧紧固定螺栓(按比赛规定力矩)	6	顺序、扭力3分	
总分		40		

（四）动力电池连接线束安装、验收作业评分表，见附表4。

附表4　动力电池连接线束安装、验收作业评分表

序号	作业项目	分值	评分细则	得分
1	举升车辆	1	安全举升	
2	连接动力电池线束	2	先高压后低压顺序1分，插接件锁止到位1分	
3	安装电池护板	1	顺序、力矩各1分	
4	放下举升机、移出举升支臂	1	规范，熟练	
5	插回维护插接器	1	规范、到位各1分	
6	连接12V蓄电池负极	1	连接并锁紧1分	
7	起动钥匙，仪表出现READY	1	各1分	
8	解码器清除故障码、读取故障码、记录界面数据	2		
总分		10		

（五）场地恢复评分表，见附表5。

附表5　场地恢复评分表

序号	作业项目	分值	评分细则	得分
1	车身三件套、车内防护三件套整理	2	各1分	
2	工具、量具、高压防护用品整理	3	各1分	
3	场地清洁、作业标牌、围栏归位	2	各1分	
总分		7		

（六）各项目分值明细评分表，见附表6。

附表6　各项目分值明细评分表

序号	作业项目类别	分值	得分
1	作业前准备	15	
2	高压断电作业	28	
3	拆装、检查、清洁动力电池箱体	40	
4	动力电池连接线束的连接、验收作业	10	
5	恢复场地	7	
总分		100	

实操项目二　高压系统绝缘检测

一、要求

能进行高压系统绝缘性能检测。

二、项目实施步骤及评分标准

（一）作业前准备评分表，见附表7。

附表7　作业前准备评分表

序号	作业项目	分值	评分细则	得分
1	设置隔离栏、警示牌	2	每项1分	
2	检查人身绝缘防护装备：绝缘帽、防护眼镜、绝缘手套、绝缘鞋	3	每项1分	
3	检查绝缘工具、万用表、放电工装	3	每项1分	
4	力矩扳手、棘轮扳手、套筒等	1	1分	
5	设置翼子板护围、座套、转向盘套、脚垫	1	1分	
6	检查举升机（四个支撑脚垫应接近同一水平高度）	2	1分	
7	检查电池举升平台，上升可靠、下降速度平稳可调	3	每项1分	
总分		15		

（二）高压断电作业评分表，见附表8。

附表8　高压断电作业评分表

序号	作业项目	分值	评分细则	得分
1	打开启动开关，检查仪表显示故障，做好记录	1		
2	用解码器检查故障，记录故障界面	4		
3	检查车位、确定N档、拉好驻车制动手柄、启动钥匙置于OFF位，取下启动钥匙并装在口袋内	2	每项0.4分	
4	断开12V蓄电池负极线，用绝缘胶带进行包裹	2	每项1分	
5	拔出维护插接器，锁在工具箱内	1	拔出规范2分，锁1分	
6	支撑车辆、举升车辆到1.7m左右、举升机可靠锁定	2	支撑位置1分，举升锁定1分，裁判提示不得分	
7	检查电池底板、车载充电机输入线束	2	记录准确2分	
8	拆下电池线束护板	1	工具、顺序、放置	
9	检查低压控制线束插件外观状况、高压线束插件外观状况	2	检查、记录各1分	
10	拔出低压控制线束插件、检查插件技术状况（插头、插座）	2	拔出规范、检查记录各1分	
11	拔出高压线束插件、检查插件技术状况（插头、插座）	4	戴绝缘手套1分，拔出顺序规范3分	
12	用万用表检查动力电池动力电缆正负输出端电压，确认为"0"	3	戴绝缘手套1分，测量2分	
13	用放电工装对高压负载端进行放电	2	戴绝缘手套1分，正负线芯放电1分	
总分		28		

（三）高压系统绝缘检测评分表，见附表9。

附表9　高压系统绝缘检测评分表

序号	作业项目	分值	评分细则	得分
1	用绝缘表检测动力电池负载端高压线束绝缘状况，填写记录（电池不设故障）	6	绝缘检测4分，记录准确2分	
2	降下车辆，列出绝缘故障排查顺序，用绝缘表查找故障点，不在PDU总成设置故障 动力电池负载线束端绝缘值 故障可能点　检查结果 1 2 3 4 5 6	28	每段线束拆下与复装2分，绝缘检测2分	
3	更换故障线束排除故障	6	规范更换	
总分		40		

（四）动力电池连接线束安装、故障排除验收作业评分表，见附表10。

附表10　动力电池连接线束安装、故障排除验收作业评分表

序号	作业项目	分值	评分细则	得分
1	举升车辆	1	安全举升	
2	连接动力电池线束	2	先高压后低压顺序1分，插接件锁止到位1分	
3	安装电池护板	1	顺序、力矩各1分	
4	放下举升机、移出举升机支臂	1	规范，熟练	
5	插回维护插接器	1	规范、到位各1分	
6	连接12V蓄电池负极	1	连接并锁紧1分	
7	起动钥匙，仪表出现READY	1	各1分	
8	解码器清除故障码、读取故障码、记录界面数据	2		
总分		10		

（五）场地恢复评分表，见附表11。

附表11　场地恢复评分表

序号	作业项目	分值	评分细则	得分
1	车身三件套、车内防护三件套整理	2	各1分	
2	工具、量具、高压防护器材整理	3	各1分	
3	场地清洁，作业标牌、围栏归位	2	各1分	
总分		7		

（六）各项目分值明细评分表，见附表12。

附表12　各项目分值明细评分表

序号	作业项目类别	分值
1	作业前准备	15
2	高压系统动力电池连接线束断开作业	28
3	高压系统绝缘检测与故障排除作业	40
4	动力电池连接线束插接情况、故障排除验收作业	10
5	恢复场地	7
总分		100

实操项目三　电动汽车车辆技术状况基本检查

一、要求

能进行高压系统绝缘性能检测。

能进行电动汽车车辆技术状况基本检查。

二、项目实施步骤及评分标准

（一）作业前准备评分表，见附表13。

附表13　作业前准备评分表

序号	作业项目	评分标准	分值
1	场地准备	设置隔离栏	1
2		设置警示牌	1
3	检查并穿戴个人防护用品	检查并戴好绝缘帽	1
4		检查并佩戴防护眼镜	1
5		检查绝缘手套外观	1
6		进行绝缘手套充气检查	1
7		检查耐磨手套外观	1
8		检查并穿戴绝缘鞋	1
9	检查并调校设备仪器	检查并调校万用表	1
10		检查绝缘检测表	1
11	检查绝缘用工具	检查扭力扳手，绝缘层应无破损	1
12		检查棘轮扳手，绝缘层应无破损	1
13		检查开口扳手，绝缘层应无破损	1
14		检查螺钉旋具，绝缘层应无破损	1
15		检查套筒，绝缘层应无破损	1
16	实施车辆防护	设置翼子板护围	2
17		设置座套	2
18		设置转向盘套	2
19		设置脚垫	2
20	检测绝缘垫对地绝缘性能	用数字兆欧表检测绝缘垫A区（验电测试）	1
21		用数字兆欧表检测绝缘垫B区（验电测试）	1
22		用数字兆欧表检测绝缘垫C区（验电测试）	1
23		用数字兆欧表检测绝缘垫D区（验电测试）	1
总分			27

（二）车辆技术状况检查评分表，见附表14。

附表14　车辆技术状况检查评分表

序号	作业项目	评分标准	分值
1	检查确认车辆停放	应停放在绝缘垫中心区域	2
2	确认场地与车辆状况	简单而全面地检查车辆四周（目视）	2
3	检查冷却液	打开前舱盖，检查冷却液是否在标准内	2
4	检查低压电池电压	低压电池电压是否正常，如不正常，报告裁判	2

(续)

序号	作业项目	评分标准	分值
5	起动车辆前，提醒工位附近旁人	初次起动车辆前，须请示裁判	2
6	车辆起动操作，打开点火开关	仪表上点亮 OK 灯，连续起动不得超过 3 次	2
7	踩住制动踏板，能够将档位切换至 D 位和 R 位	仪表上显示 D 位或 R 位，最后切换为 P 位	3
8	检查 DC/DC 工作正常	用万用表测量 DC 输出电压	4
9	检查助力转向工作正常	车辆停止时，转向应轻便	2
10	检查空调工作正常	正确使用空调控制面板按键，能够冷暖风切换	2
11	检查门窗门锁工作正常	正确使用门窗门锁开关，每个门窗升降、关闭锁	2
12	检查刮水器工作正常	正确使用刮水器开关，高低速、能喷水	2
13	检查灯光工作正常	正确打开灯光开关、左右转向、远近光、前后雾灯、前后示廓灯、倒车灯、制动车灯	3
14	使用诊断仪扫描整车系统	正确连接使用 VDS 解码仪，扫描所有电脑	4
15	关闭点火开关	仪表熄灭，关闭次数不超过 3 次	2
16	填写任务工单	记录现象，有故障说明故障现象，没有则写正常	2
总分			38

（三）5S 管理检查评分表，见附表 15。

附表 15　5S 管理检查评分表

序号	作业项目	评分标准	分值
1		着装整洁，形象清新	2
2		谈吐文明，表达清楚	2
3		任务单数据表格填写规范整洁	2
4		整理翼子板护围	2
5		整理座套	2
6	场地清理	整理转向盘套	2
7		整理脚垫	2
8		整理工具	2
9		整理设备	2
10		整理个人防护品	2
11		整理隔离警示装置	2
12		清洁场地	2
13		工具未落地	1
14	安全规范与职业素养	工具完好	1
15		零件未落地	1

(续)

序号	作业项目	评分标准	分值
16	安全规范与职业素养	零件完好	1
17		测量仪器完好	1
18		无操作失误	1
19		无安全事故	1
20		按照裁判要求，有逻辑地口述故障现象或阐述故障现象	1
21		按照裁判要求，口头讲述诊断要点并清楚地做出简单分析	1
22		按裁判要求，明确地口述作业项目或测试项目	1
23		按照裁判要求，回答诊断结论	1
总分			35

实操项目四　电动汽车高压互锁故障分析

一、要求

能进行高压互锁故障诊断与排除。

二、项目实施步骤及评分标准

（一）作业前准备评分表，见附表16。

附表16　作业前准备评分表

序号	作业项目	评分标准	分值
1	场地准备	设置隔离栏	1
2		设置警示牌	1
3	检查并穿戴个人防护用品	检查并戴好绝缘帽	1
4		检查并佩戴防护眼镜	1
5		检查绝缘手套外观	1
6		进行绝缘手套充气检查	1
7		检查耐磨手套外观	1
8		检查并穿戴绝缘鞋	1
9	检查并调校设备仪器	检查并调校万用表	1
10		检查绝缘检测表	1
11	检查绝缘用工具	检查力矩扳手，绝缘层应无破损	1
12		检查棘轮扳手，绝缘层应无破损	1
13		检查开口扳手，绝缘层应无破损	1
14		检查螺钉旋具，绝缘层应无破损	1
15		检查套筒，绝缘层应无破损	1
16	实施车辆防护	设置翼子板护围	2
17		设置座套	2
18		设置转向盘套	2
19		设置脚垫	2

(续)

序号	作业项目	评分标准	分值
20	检测绝缘垫对地绝缘性能	用数字兆欧表检测绝缘垫 A 区（验电测试）	1
21		用数字兆欧表检测绝缘垫 B 区（验电测试）	1
22		用数字兆欧表检测绝缘垫 C 区（验电测试）	1
23		用数字兆欧表检测绝缘垫 D 区（验电测试）	1
总分			27

（二）车辆技术状况检查评分表，见附表 17。

附表 17　车辆技术状况检查评分表

序号	作业项目	评分标准	分值
1	检查确认车辆停放	应停放在绝缘垫中心区域	2
2	确认场地与车辆状况	全面检查车辆四周（目视）	2
3	起动车辆前，提醒工位附近旁人	初次起动车辆前须请示裁判	2
4	车辆起动操作，打开点火开关	仪表显示信息，连续起动不得超过 3 次	2
5	确认故障：OK 灯不点亮	记录故障现象	3
6	连接诊断仪读取故障码	正确连接使用 VDS 解码仪，进入系统读取故障码并记录	5
7	关闭点火开关	仪表灯熄灭，操作不超过 3 次	2
8	检查并判断故障部位	打开前舱盖，带上绝缘手套检查高压连接插头	5
9	排除故障部位	正确找到故障部位，并将故障排除	4
10	起动车辆	仪表上点亮 OK 灯，连续起动不得超过 3 次	2
11	清除故障码	车辆工作正常，没有相关故障码	4
12	关闭点火开关	仪表灯熄灭	2
13	填写任务工单	记录现象，故障说明	3
总分			38

（三）5S 管理检查评分表，见附表 18。

附表 18　5S 管理检查评分表

序号	作业项目	评分标准	分值
1		着装整洁，形象清新	2
2		谈吐文明，表达清楚	2
3		任务单数据表格填写规范整洁	2
4		整理翼子板护围	2
5		整理座套	2
6	场地清理	整理转向盘套	2
7		整理脚垫	2
8		整理工具	2
9		整理设备	2
10		整理个人防护品	2
11		整理隔离警示装置	2
12		清洁场地	2

（续）

序号	作业项目	评分标准	分值
13	安全规范与职业素养	工具未落地	1
14		工具完好	1
15		零件未落地	1
16		零件完好	1
17		测量仪器完好	1
18		无操作失误	1
19		无安全事故	1
20		按照裁判要求，有逻辑地口述故障现象或阐述故障现象	1
21		按照裁判要求，口头讲述引发诊断要点并清楚地做出简单分析	1
22		按裁判要求，明确地口述作业项目或测试项目	1
23		按照裁判要求，回答诊断结论	1
总分			35

读者服务

机械工业出版社立足工程科技主业,坚持传播工业技术、工匠技能和工业文化,是集专业出版、教育出版和大众出版于一体的大型综合性科技出版机构。旗下汽车分社面向汽车全产业链提供知识服务,出版服务覆盖包括工程技术人员、研究人员、管理人员等在内的汽车产业从业者,高等院校、职业院校汽车专业师生和广大汽车爱好者、消费者。

一、意见反馈

感谢您购买机械工业出版社出版的图书。我们一直致力于"以专业铸就品质,让阅读更有价值",这离不开您的支持!如果您对本书有任何建议或意见,请您反馈给我。我社长期接收汽车技术、交通技术、汽车维修、汽车科普、汽车管理及汽车类、交通类教材方面的稿件,欢迎来电来函咨询。

咨询电话:010-88379353　编辑信箱:cmpzhq@163.com

二、课件下载

选用本书作为教材,免费赠送电子课件等教学资源供授课教师使用,请添加客服人员微信手机号"13683016884"咨询详情;亦可在机械工业出版社教育服务网(www.cmpedu.com)注册后免费下载。

三、教师服务

机工汽车教师群为您提供教学样书申领、最新教材信息、教材特色介绍、专业教材推荐、出版合作咨询等服务,还可免费收看大咖直播课,参加有奖赠书活动,更有机会获得签名版图书、购书优惠券。

加入方式:搜索QQ群号码317137009,加入机工汽车教师群2群。请您加入时备注院校+专业+姓名。

四、购书渠道

机工汽车小编
13683016884

我社出版的图书在京东、当当、淘宝、天猫及全国各大新华书店均有销售。

团购热线:010-88379735
零售热线:010-68326294　88379203

推荐阅读

书号	书名	作者	定价（元）
9787111702696	智能网联汽车技术原理与应用（彩色版）	程增木　杨胜兵	65
9787111693284	智能网联汽车底盘线控系统装调与检修（附任务工单）	李东兵　杨连福	59.9
9787111710288	智能网联汽车智能传感器安装与调试（全彩活页式教材）	中国汽车工程学会　等	49.9
9787111712480	智能网联汽车底盘线控执行系统安装与调试（全彩印刷）	中国汽车工程学会　等	49.9
9787111709800	智能网联汽车计算平台测试装调（全彩印刷）	中国汽车工程学会　等	49.9
9787111711711	智能网联汽车智能座舱系统测试装调（全彩印刷）	中国汽车工程学会　等	49.9
9787111710318	新能源汽车检测与故障诊断技术（彩色版配实训工单）	吴海东　等	69
9787111707585	新能源汽车电动空调　转向和制动系统检修（彩色版配实训工单）	王景智　等	69
9787111702931	新能源汽车整车控制系统检修（彩色版配实训工单）	吴东盛　等	69
9787111701637	新能源汽车动力电池及管理系统检修（彩色版配实训工单）	吴海东　等	59
9787111707165	新能源汽车技术概论（全彩印刷）	赵振宁	55
9787111706717	纯电动汽车构造原理与检修（全彩印刷）	赵振宁	59
9787111587590	纯电动/混合动力汽车结构原理与检修（配实训工单）（全彩印刷）	金希计　吴荣辉	59.9
9787111709565	新能源汽车维护与故障诊断（配实训工单）（全彩印刷）	林康　吴荣辉	59
9787111700524	新能源汽车整车控制系统诊断（双色印刷）	赵振宁	55
9787111699545	智能网联汽车概论（全彩印刷）	吴荣辉　吴论生	59.9
9787111698081	新能源汽车结构原理与检修（全彩印刷）	吴荣辉	65
9787111683056	新能源汽车认知与应用（第2版）（全彩印刷）	吴荣辉　李颖	55
9787111615767	新能源汽车概论（全彩印刷）	张斌　蔡春华	49
9787111644385	新能源汽车电力电子技术（全彩印刷）	冯津　钟永刚	49
9787111684428	新能源汽车高压安全与防护（全彩印刷）	吴荣辉　金朝昆	45
9787111610175	新能源汽车动力电池及充电系统检修（全彩印刷）	许云　赵良红	55
9787111613183	新能源汽车电机驱动系统检修（全彩印刷）	王毅　巩航军	49
9787111613206	新能源汽车辅助系统检修（全彩印刷）	任春晖　李颖	45
9787111646242	新能源汽车维护与故障诊断（全彩印刷）	王强　等	55
9787111670469	新能源汽车结构原理与检修（彩色版）	康杰　等	55
9787111684862	智能网联汽车技术概论（彩色版配视频）	程增木　康杰	55
9787111674559	混合动力汽车结构与检修一体化教程（彩色版）（附赠习题册含工作任务单）	汤茂银	55